존귀한
공동체,
교회

존귀한 공동체, 교회

배창돈 지음

국제제자훈련원

추천사

제자훈련의 열매,
건강한 교회

목회자와 평신도는 동역의 관계에 있어야 한다. 그러나 한국 교회의 현실은 그렇지 못한 것이 주지의 사실이다. 동역의 관계란 수직적인 관계가 아니라 수평적이며 상호적인 관계를 의미한다. 그런 의미에서 목회자와 평신도는 수레의 두 바퀴와 같다. 어느 한 쪽의 바퀴가 필요 이상으로 크거나 작다면 수레는 앞으로 나아갈 수 없다.

그리스도의 몸인 교회가 유기적인 조직체로서 건강하게 성장해 나가기 위해서는 목회자의 노력 못지않게 평신도의 협력이 필요하다. 그러나 한국 교회는 언제부터인가 평신도의 역할은 무시된 채 목회자 주도하에 유기적이기보다는 조직적인 모습을 띠기 시작했다. 그 결과 교회는 본연의 생명력을 잃어가고 있다.

그런 의미에서 평택 대광교회 배창돈 목사님은 평신도

와 동역하며 목회의 참 맛을 느끼고 있는 목회자다. 내가 그를 처음 만난 것은 1987년 '제자훈련지도자세미나'에서였다. 그는 당시 패기 있고 의욕 넘치는 목사였다. 나름의 상처도 안고 있었지만 세미나를 통해 제자훈련의 원리와 가치를 깨닫고 평택 대광교회에 적극적으로 도입했다. 그리하여 작은 농촌 도시의 소규모 교회에서는 제자훈련이 성공할 수 없다는 편견을 깨고 동료 목회자들에게 할 수 있다는 자신감을 심어 주었다.

실제로 그가 이끄는 평택 대광교회는 20년 동안 45기에 이르는 제자훈련생들을 배출했다. 아울러 평택 대광교회의 교인 70% 이상이 전도된 교인들이라는 사실은 현재 28기를 맞는 전도폭발훈련이 얼마나 성공적으로 진행되고 있는지를 잘 보여 준다.

나는 20년 전에 의욕과 신념으로 시작한 그의 제자훈련이 얼마나 힘겨운 사역이었는지, 얼마나 외로운 길이었는지 속속들이 알지는 못한다. 그러나 제자훈련의 길을 함께 걸어온 동지로서 그의 노고에 감사를 표한다. 더불어 이 책을 통해 예수님의 제자들을 키워내는 데 초점을 맞추고, 교회를 교회답게 만들기 위해 헌신한 그의 목회 철학을 엿볼 수 있어 기쁘다.

그가 말하는 교회다운 교회는 예수님을 닮은 제자들이 많은 교회이다. 그가 만들어가는 건강한 교회는 세상의 가치관을 좇지 않고 하나님의 말씀에 온전히 순종하셨던 예수님의 본을 따라 살아가는 제자들이 많은 교회이다. 그가 제시하는 교회의 모습은 세상의 문화에 젖어 우선순위를 잊어버린 채 방황하는 수많은 교회들에게 분명한 좌

표를 제시하고 있다.

  배창돈 목사는 이 책에서 자신의 경험과 철학을 바탕 삼아 그리스도의 몸인 교회가 제 역할을 다하기 위해 갖추어야 할 것들을 이야기한다. 20년째 초지일관 제자훈련을 중심으로 교회를 이끌어 온 그의 이야기에 귀 기울이다 보면 오늘날의 교회가 응당 갖추어야 할 모습을 발견할 수 있을 것이다. 이 책을 통해 한국 교회가 한층 갱신되기를 기대한다.

사랑의교회 원로목사
옥한흠

머리말

건강한 교회를 꿈꾸며

세계 자동차 시장에서 판매 1위를 달리는 자동차 회사는 일본의 도요타 자동차이다. 외국에 나가서 도요타 자동차를 만나는 일은 결코 어려운 일이 아니다. 도요타가 이토록 세계 시장에서 인정을 받는 이유는 무엇일까?

도요타는 불량이 없기로 유명하다. 불량률 0%. 이는 생산 공정에서 불량 발생을 원천적으로 봉쇄하기 때문에 가능한 수치이다. 이상이 발견될 경우에는 "왜?"를 다섯 번 생각하는 '5 why' 과정을 거쳐서 불량의 원인을 찾아내고 즉시 개선한다. 이처럼 도요타 자동차는 철저한 생산 방식에 의한 품질 관리로 전 세계의 소비자들로부터 신뢰를 쌓아갔다. 그 결과 누구나 도요타 하면 먼저 그 품질을 인정한다.

그렇다면 오늘날 그리스도인들은 어떠한가? 이 땅의 수많은 그리스도인은 세상 사람들로부터 그리스도인으로서의 신뢰를 쌓아가고 있는가? 이 질문에 자신 있게 답할 수 있는 사람은 그리 많지 않을 것이다. 그리스도인들이 세상 사람들로부터 인정을 받는 것은 매우 중요한 일이다. 그리스도인들이 보여 주는 삶은 그들을 전도할 때 큰 역할을 하기 때문이다.

나는 좋은 교회를 꿈꾸며 교회를 개척하여 올해로 24년째 섬기고 있다. 처음에 교회를 개척할 때는 나름대로 부푼 기대와 열정이 있었다. 그러나 생각대로 되는 것은 하나도 없었다. 여러 번의 시행착오 앞에서 좌절하고 있을 때 '제자훈련지도자세미나'에서 옥한흠 목사님을 만났다. 1987년 10월이었다. 옥 목사님의 "목회자는 복음에 미쳐야 한다"는 '광인론(狂人論)'은 내 가슴에 불을 붙였다. 다락방을 참관하면서 평신도들의 무한한 잠재력을 보았고, 제자훈련에 대한 확신을 갖게 되었다. 내 생애에서 예수님을 만난 후 겪은 가장 큰 사건이 바로 옥 목사님을 만나 제자훈련을 시작한 것이다.

세미나를 마치고 교회로 돌아온 나는 성도들 앞에서 제자훈련의 중요성을 설파했다. 하지만 모두 강 건너 불구경하듯이 바라만 볼 뿐, 내 의지를 알아주는 사람은 어디에도 없었다. 그 자리에서 포기할 수 없었던 나는 구역장이 인도하던 여섯 개의 구역 모임과 청년들을 직접 인도하기 시작했다. 귀납적인 성경 공부를 시작한 것이다. 면

저 그들의 기초를 다져야 했지만 마땅한 교재가 없었다. 그래서 생각해 낸 것이 네비게이토 교재와 C.C.C. 교재를 참고해서 교회 실정에 맞게 재편집하는 것이었다. 그러한 준비 과정을 거친 후 제자훈련 과정에 참여할 사람을 공개 모집했다. 신청자는 단 두 명이었다. 직분자들 대부분은 목사가 별 짓을 다한다는 표정으로 바라만 보았다. 겨우 설득해서 열린 첫 번째 제자훈련은 네 명의 자매들과 함께 시작되었다.

시작은 미약했지만 제자훈련의 열매는 대단했다. 한 사람이 변하니 그가 속한 가정이 변하고 교회가 변하기 시작한 것이다. 변화된 자매들을 보면서 다른 자매들이 제자훈련을 신청하기 시작했다. 나중에는 자매들의 남편들까지 적극적으로 참여하는 열매를 거두었다.

　제자훈련 1기의 성패가 제자훈련 정착의 관건이라고 생각한 나는 훈련생들을 엄격하게 훈련하기 시작했다. 제자훈련 중에는 단 한 번의 무단결석도 용납하지 않았다. 이런 전통은 19년이 지난 지금까지 이어지고 있다. 겉으로는 강하게 훈련을 시키고 엄한 모습을 보였다. 하지만 뒤에서는 한없이 나약한 모습으로 하나님께 눈물로 매달렸다. 벌써 제자훈련이 49기의 시작을 앞두고 있다. 되돌아보니 지금까지 쌓아온 제자훈련의 열매와 감격의 시간이 파노라마처럼 스쳐간다.

　제자훈련을 하다 보면 변화되지 않는 성도들도 있다. 그러나 예수님도 한 명은 실패하셨으니 나는 서너 명 정도는 괜찮다고 생각하고 편한 마음으로 제자훈련에 임한다.

제자훈련을 하면 할수록 성도들이 교회에 대해 바른 시각을 갖는 것이 중요하다는 것을 절실히 느낀다. 무엇보다도 교회가 건강해야 이 땅에 하나님의 뜻을 이룰 수 있기 때문이다. 한국 교회가 한 교회도 빠짐없이 건강한 교회가 되기를 간절히 기도한다. 이 책은 이런 바람에서 시작되었다.

이 책을 통하여 주님의 이름이 높임을 받으시고, 한국 교회가 건강해지는 데 도움이 되길 바란다. 어렵고 힘들 때마다 격려와 가르침을 주신 스승이며 멘토이신 존경하는 옥한흠 목사님께 감사를 드리고 모든 영광을 하나님께 올려 드린다.

미국의 남침례교단에서 운영하는 라이프웨이 크리스천 리소스는 "오늘날 교회가 직면한 10대 이슈"를 발표했다. 이는 2004년 11월부터 전 세계의 복음주의 지도자 1,300명을 대상으로 조사한 것으로, 결과는 다음과 같다.

오늘날 교회가 직면한 첫 번째 이슈는 개인의 신앙 생활과 교회 생활을 위해서 보다 더 지속적이고 열정적인 기도가 필요하다는 것이다. 둘째는 그리스도의 형상으로 변화되기 위해서는 모든 성도에게 제자도가 필요하다는 것이다. 셋째는 교회 지도자들이 성경적인 비전과 방향을 제시할 리더십이 있어야 한다는 것이며, 넷째는 복음 전파의 중요성이다. 이상의 이슈들은 모두 성경이 가르치는 본질적인 문제와 관련이 있다.

본질에서 이탈한 교회는 교회의 온전한 역할을 수행할 수 없다. 누구나 좋은 교회를 원한다. 하지만 인간적인 방법으로 교회를 이끌고 세상의 인기에 영합한다면 결코 주님이 원하시는 교회를 만들 수 없다. 좋은 교회는 성도가 많이 모이는 교회가 아니다. 건물이 큰 교회도 아니다. 출석 성도 중에 고위층이나 지식층이 많은 교회도 아니다. 톡톡 튀는 개성을 가진 교회도 아니다. 좋은 교회는 바로 예수님을 닮은 제자들이 많은 교회이다.

몇 년 전에 대통령을 흉내 내는 개그가 인기를 모은 적이 있다. 이미 방송국에 입사한 지 여러 해가 지났지만 빛을 보지 못하던 한 개그맨은 노무현 대통령을 흉내 내면서 스포트라이트를 받았다. 그는 대통령이 방송에 나와서 연설한 장면을 녹화해 비디오로 보면서 연구했다고 했다. "맞습니다, 맞고요. 감사합니다, 감사하고요." 마른 체구의 그는 분장과 의상, 체격까지도 대통령과 비슷하게 만들기 위해 노력했다. 그는 대통령 흉내를 내서 스타가 된 것이다. 그렇다면 성도들이 예수님을 닮아가는 것은 어떤 변화를 가져올까? 확실한 것은 대단한 위력을 발휘한다는 것이다. 건강한 교회에는 예수님을 닮은 제자들이 많다.

※ ※ ※

"내가 그리스도를 본받는 자가 된 것 같이 너희는 나를 본받는 자가 되라"(고린도전서 11:1).

목회자는 건강한 교회를 위해 생명을 걸어야 한다. 시간은 무한정 주어지지 않는다. 주어진 시간 안에 건강한 교회를 꿈꾸며 달려가야 할 것이다.

※ ※ ※

"때가 아직 낮이매 나를 보내신 이의 일을 우리가 하여야 하리라 밤이 오리니 그 때는 아무도 일할 수 없느니라"(요한복음 9:4).

목차

추천사

머리말

I. 존귀한 공동체, 교회 · 21

　1. 건강한 목회자를 필요로 하는 교회 · 29
　2. 주께 순종하며 비전을 잃지 않는 교회 · 41
　3. 주기도문을 이루어 드리는 교회 · 50
　4. 성숙한 평신도들과 동역하는 교회 · 57
　5. 성품으로 말하는 교회 · 66
　6. '현장 부흥회'를 개최하는 교회 · 71
　7. 복음 전파의 방해를 극복하는 교회 · 77
　8. 다음 세대를 준비하는 교회 · 82
　9. 복음 전파에 생명을 거는 교회 · 94
　10. 제자훈련으로 열매 맺는 교회 · 101

II. 그리스도의 몸인 교회의 원리 · 109

1. 동역의 원리 · 113

2. 섬김의 원리 · 119

3. 하나 됨의 원리 · 124

4. 사랑의 원리 · 129

5. 질서의 원리 · 131

6. 공급의 원리 · 134

7. 순결의 원리 · 136

8. 순종의 원리 · 139

9. 해산의 원리 · 144

III. 예수님이 가르쳐 주신 사역 · 149

1. 우선순위 중심의 사역 · 154

2. 제자훈련 중심의 사역 · 159

3. 조화를 통한 효과적인 사역 · 176

I. 존귀한 공동체, 교회

주님은 교회가 무기력해지는 것을 원하지 않으신다. 그리스도인들이 교회를 존귀하게 여기고 그 안에서 하나님의 말씀대로 사는 삶을 영위해 나가는 것이 주님이 바라시는 교회의 모습일 것이다. 그러기 위해서는 먼저 우리가 교회를 사랑해야 한다. 교회를 사랑한다는 것은 교회의 가치를 알 때에야 가능한 일이다. 또한 하나님이 교회를 얼마나 사랑하시는지도 알아야 한다.

교회는 하나님이 피로 값 주고 사신 존귀한 공동체이다. 하나님은 교회를 세우기 위해 예수님을 이 땅에 보내시고 십자가에 못 박으셨다. 예수님은 인간의 죄를 해결하기 위해 십자가에서 피를 쏟으셨다. 예수님이 십자가에서 피를 쏟으시는 동안 하나님은 통곡하셨을 것이다. 예수님의 십자가의 고난을 통해 교회가 세워진 것이다.

※ ※ ※

"여러분은 자기를 위하여 또는 온 양 떼를 위하여 삼가라 성령이 그들 가운데 여러분을 감독자로 삼고 하나님이 자기 피로 사신 교회를 보살피게 하셨느니라"(사도행전 20:28).

교회는 예수께서 우리의 영혼을 구원하기 위해 처절한 고난을 당하시면서 이 땅에 남기신 그의 몸으로서의 공동체이다. 교회는 그리스도의 몸이다. 모든 것을 넘치도록 채우시는 그리스도가 교회에 계신다. 때문에 교회는 바로 그리스도 자신이라고 할 수 있다. 하나님은 그리스도를 어떤 지배자와 권세자보다 뛰어나게 하셨다. 예수님은 이 세상뿐 아니라 다음 세상의 그 누구도 감히 따라 올 수 없는 전능하신 분이시다. 그러므로 그의 몸 된 교회의 사역은 말로 할 수 없이 존귀하며, 그 영향력과 파장은 민족과 세계를 살리는 힘을 지니고 있을 정도로 거대하다. 이런 교회의 중요성을 오래전 한국 교회의 목회자와 평신도들이 알았다면 한국 교회의 모습은 지금과는 사뭇 달랐을 것이다.

"모든 통치와 권세와 능력과 주권과 이 세상뿐 아니라 오는 세상에 일컫는 모든 이름 위에 뛰어나게 하시고 또 만물을 그의 발 아래에 복종하게 하시고 그를 만물 위에 교회의 머리로 삼으셨느니라 교회는 그의 몸이니 만물 안에서 만물을 충만하게 하시는 이의 충만함이니라"(에베소서 1:21~23).

이렇게 존귀한 교회가 오늘날 세상에서 인정을 못 받고 있다. 교회 안에서는 세상에서보다 더 추한 일들이 벌어지고 있다. 교회 안에서 분열이 생기는 일은 이제 흔한 일이 되어버렸다.

어릴 때 나는 교회에서 성도들이 서로 다투는 모습을 보면서, 그것이 교회의 당연한 모습인 줄 알았다. 소위 개척공신이라는 장로가 목사를 내쫓기 위해서 목사가 강단에

올라가는 것을 막고, 서로 밀고 밀치다가 목사의 얼굴에서 코피가 흐르는 것을 본 가슴 아픈 기억이 있다.

교회 안에 형성된 파벌은 교회의 역할을 마비시킨다. 교회에 무슨 회의가 그렇게 많은지, 예배를 마치면 곧바로 회의가 이어지기 일쑤다. 회의는 첨예한 긴장감 속에서 진행되고, 의견대립은 감정싸움으로 끝나는 경우가 허다하다. 예배 시간에 받은 은혜를 그 시간에 다 까먹는 것이다. 모여서 기도하고 받은 은혜를 나누고 전도하는 일에 열심이라면 얼마나 좋겠는가. 돌이켜 보면 그 당시에 전도에 대한 이야기를 들어 본 기억이 거의 없는 것 같다.

오늘날 주님의 몸 된 교회의 본질과 사명을 망각한 채 교회를 자신의 목적을 성취하기 위한 이용물 정도로만 생각하는 사람들이 적지 않다. 참으로 딱하고 서글픈 현실이다. 『천로역정』의 저자 존 번연이 "이상하다. 답답하다. 미치고 싶다. 마귀와 싸워야 할 성도들이 자기들끼리 싸우고 있으니……" 하고 탄식한 마음이 모든 목회자와 평신도의 마음에 일었다면 교회는 벌써 변했을 것이다. 복음을 전해 보지도 못하고 자멸하는 교회를 과연 교회라 할 수 있겠는가?

교회는 세상을 변화시켜야 한다. 교회가 생기는 지역에서는 범죄가 사라지고 타락한 문화가 정화되어야 한다. 불신자들이 주님 앞에 무릎을 꿇고 주님의 이름을 높여 드리는 일이 계속해서 일어나야 한다.

주님은 사도들을 보내셨고, 사도들은 세계 곳곳에 교회를 세웠다. 이렇게 세워진 교회는 주님이 세우신 것이요 파송하신 것이다. 주님이 사도들에게 하신 명령은 바로 모든 성도에게 하신 말씀이다. 목사와 평신도들이, 자신들은 주님으로부터 파송받은 자라는 확신과 소명의식을 붙들고 있다면, 주님이 맡겨 주신 사역을 충실히 수행할 수 있을 것이다. 주님은 이 사실을 우리에게 분명히 말씀하셨다.

"예수께서 또 이르시되 너희에게 평강이 있을지어다 아버지께서 나를 보내신 것 같이 나도 너희를 보내노라"(요한복음 20:21).

사랑의교회에서 시작된 제자훈련의 풍성한 열매는 '주님으로부터 보냄받았다'는 사도성 적용의 결과로 나타났다. 본질을 모르고 사역의 열매를 기대하기란 어려운 일이다. 본질을 깨우치기 위해서는 교회가 제 역할을 해야 한다. 그래야 이 민족이 산다. 그래야 하나님의 진노를 피할 수 있다. 성도들의 죄에 대한 불감증은 무분별한 폭력과 도덕성에 둔감한 자녀들을 만들 수밖에 없다. 그러한 자녀들의 모습은 한국의 미래를 보여 주는 바로미터라 할 수 있다. 지금부터라도 제자훈련을 시작해서 교회가 건강을 회복한다면 우리 민족에게는 희망이 있다고 본다. 건강한 교회는 주님의 바람이다. 그러므로 건강한 교회는 모든 성도의 소망이어야 한다. 존귀한 공동체인 교회가 건강해지려면 어떻게 해야 할까?

1
건강한 목회자를 필요로 하는 교회

> 교회를 만드는 단 한 가지는 예수 그리스도의 임재이다.
>
> 윌리엄 바클레이

1) 타협을 모르는 목회자

교회에는 '진정한 그리스도인'과 '거짓 그리스도인'이라는 두 그룹이 있다. 교회에는 거듭난 그리스도인들과 거듭나지 못한 명목상의 그리스도인들이 함께 공존한다. 교회는 믿음 공동체이기에 믿음이 없는 사람은 지체라고 할 수 없다. 그럼에도 불구하고 교회 안에는 명목상의 그리스도인들이 자리를 차지하고 직분자가 되어서 교회를 세상보다 못한 초라한 공동체로 만드는 데 앞장서고 있다. 그 책임은 목회자들이 져야 할 것이다. 구원에 대한 확신이 없고, 영적으로는 어린아이들인 그들을 직분자로 세워서 교회를 병들게 만들었기 때문이다. 제대로 된 훈련을 한 번도 받아 보지 못하고 자리만 지키는 영적 어린아이들은 사탄과 벌이는 영적 전투에서 힘없이 패배하고 만다.

목회자들은 강건한 마음으로 평신도 훈련에 임해야 한다. 그렇지 않으면 훈련생들에게 쓴 소리 한 번 못하고 듣기 좋은 말만 하는 목회자로 전락해 버릴 수밖에 없다. 목회자가 하나님을 기쁘시게 해 드리겠다는 확신을 가지고 목회를 하면 그 유익은 공동체 전체에 돌아간다. 그러나 사람의 기분을 좋게 하는 목회는 교회가 존귀하게 되기를 포기하는 것과 같다. 물론 하나님을 기쁘시게 해 드리는 목회에는 많은 아픔이 뒤따른다. 어떤 성도는 목회자가 자신을 인정해 주지 않는다고 목회자를 비난하고 떠나기도 한다. 주님을 따르는 길은 결코 쉬운 길이 아니다. 주께서도 말씀하시지 않았는가?

I. 존귀한 공동체, 교회 31

※ ※ ※

"좁은 문으로 들어가라 멸망으로 인도하는 문은 크고 그 길이 넓어 그리로 들어가는 자가 많고"(마태복음 7:13).

역사는 좁은 문을 선택한 사람들에 의해서 이루어졌다. 너무 쉽게 목회를 하려고 하면 부실 건축을 할 수밖에 없다. 목회자는 하나님의 동역자요 청지기로서, "땅을 다스리라"는 하나님의 명령에 순종할 때 하나님께 영광을 돌려드릴 수 있다. 하나님을 향한 철저한 순종만이 반석 위에 세운 집과 같은 건강한 교회를 세울 수 있다. 하나님 앞에서 온전한 순종의 자세를 가지지 않는 한 건강한 교회는 한낱 꿈에 불과하다. 나는 항상 사도 바울의 목회관을 닮아가려고 노력한다.

※ ※ ※

"이제 내가 사람들에게 좋게 하랴 하나님께 좋게 하랴 사람들에게 기쁨을 구하랴 내가 지금까지 사람들의 기쁨을 구하였다면 그리스도의 종이 아니니라 형제들아 내가 너희에게 알게 하노니 내가 전한 복음은 사람의 뜻을 따라 된 것이 아니니라"
(갈라디아서 1:10, 11).

　사람보다는 하나님을 이롭게 해 드리기 위해 아픔과 외로움의 시간도 많이 겪었지만, 그 시간을 견뎌내면 풍성한 열매를 맺을 수 있다는 것을 의심해 본 적은 없다. 사람이 처한 당장의 상황만을 이롭게 하려는 자세를 버리고 목회의 본질에 충실한 목회자야말로 진정한 그리스도의 종이라고 할 수 있다. 목회자가 인간적인 정에 얽매이는 것은 하나님의 뜻을 행하는 데 큰 장애가 된다. 많은 목회자와 성도가 고민하는 것도 바로 이런 문제이다. 사람의 기분을 좋게 만들어 주려다 보면 하나님의 뜻을 거스를 수 있기 때문이다. 목회를 하다 보면 사람이 두려울 때가 있다. 그럴 때 사람 중심의 목회를 지향하면 반드시 덫이 되어 더 큰 어려움을 겪게 된다.

　상황과 사람에 대한 두려움을 극복할 때에 진정한 사역의 열매를 맛볼 수 있을 것이다. 우리가 두려워해야 할 대상은 오직 하나님 한 분이시다. 이 점을 아는 목회자는 하나님을 기쁘시게 해 드리는 목회를 할 수밖에 없다. 성경에서는 하나님을 경외하는 것이 얼마나 중요한지를 거듭 강조하고 있다.

■ ■ ■

"여호와를 경외함으로 섬기고 떨며 즐거워할지어다"(시편 2:11).

"여호와를 경외하는 도는 정결하여 영원까지 이르고 여호와의 법도 진실하여 다 의로우니"(시편 19:9).

"여호와를 경외하는 자 누구냐 그가 택할 길을 그에게 가르치시리로다"(시편 25:12).

하나님을 기쁘시게 해 드리면 종당에는 사람에게도 기쁨이 되고 유익이 된다.

제자훈련을 처음 시작했을 때의 일이다. 제자훈련을 받는 한 자매가 주일 오후에 시골에 사시는 시부모님 댁에 방문할 일이 생겼다. 시부모님은 결혼한 지 여러 해가 지났는데도 아이가 없는 며느리에게 임신을 돕는 한약을 지어 주고 싶어 했다. 자매는 목사에게 사정을 이야기하고 제자훈련에 빠져야 할지도 모른다고 했다. 그러나 목사는 주일 저녁 예배를 드린 후에 시댁에 다녀올 것을 권면했다. 제자훈련에 참여하는 자들은 전 교인에게 모범이 되어야 할 필요가 있었고, 다른 훈련생에게도 예배의 중요성을 일깨워 주어야 한다는 생각 때문이었다. 그 자매는 자신의 처지를 전혀 이해해 주지 않는 목사가 매정하다고 생각했지만 권면에 따라 예배를 드린 후 시부모를 찾았다.

마음이 상한 시부모는 한약을 지어 주는 대신 꾸지람만 심하게 했다. 마음이 상한 자매는 집에 돌아와서 통곡을 했다. 그러나 그 일 후에 곧바로 아이가 들어섰다. 자매는 10개월 후에 달덩이 같은 아들을 낳았고, 시부모의 기쁨은 말로 다할 수 없었다. 예배 참석을 강권했던 목사는 당시에 자매의 문제를 책임져 달라고 하나님께 간절히 기도했다. 뒤돌아보면 자매가 임신을 한 것은 하나님이 제자훈련에 미친 목회자를 불쌍히 여겨 주셨기 때문인 것 같다. 목회자가 하나님을 기쁘시게 해 드리기 위해 일으킨 문제를 하나님이 완벽하게 책임져 주신 것이다.

"아버지나 어머니를 나보다 더 사랑하는 자는 내게 합당하지 아니하고 아들이나 딸을 나보다 더 사랑하는 자도 내게 합당하지 아니하며 또 자기 십자가를 지고 나를 따르지 않는 자도 내게 합당하지 아니하니라"(마태복음 10:37, 38).

2) 낮은 곳에 거하는 목회자

구약의 마지막 선지자 세례 요한은 참으로 닮고 싶은 대선배의 면모를 가지고 있다. 예수님은 세례 요한을 일컬어 여자가 낳은 자 중에 가장 큰 자라고 하셨다.

"내가 진실로 너희에게 말하노니 여자가 낳은 자 중에 세례 요한보다 큰 이가 일어남이 없도다 그러나 천국에서는 극히 작은 자라도 그보다 크니라"(마태복음 11:11).

세례 요한은 이 세상 사람들에게 예수님을 전하는 일에 인생을 바쳤다. 그는 광야에서 외치는 자의 소리로 남는 것에 만족했다. 자신의 성공과 명예에는 관심이 없었다. 오직 하나님이 자신에게 맡기신 일만 하면 된다는 자세로 살았다. 이러한 세례 요한의 모습은 우리가 하나님을 섬기는 것이 하나님의 뜻을 이루기 위함인지, 아니면 내 뜻을 이루기 위함인지 점검해 보도록 만든다.

세례 요한은 예수님이 오실 길을 예비한 개척자이기도 하다. 목회는 도전해야 할 일이 많다. 개척정신 없이 안주하려고 하면 아무런 결과도 얻을 수 없다. 내가 우리 교회에서 제자훈련을 처음 시작한 1987년 당시만 해도 소도시(그 당시 평택은 인구가 5만 명 미만의 작은 도시였다)에서 제자훈련이 성공한 사례는 없었다. 당시 출석 성도는 청년과 장년을 합쳐서 불과 50명 남짓이었다. 제자훈련생을 모집한다는 광고를 내자 지식층에 속하는 성도들은 비웃었고 나머지 성도들은 방관적이었다. "제자훈련은 서울같은 대도시에서나 하는 것입니다." "목사님, 저는 예전에 대학에 다닐 때 제자훈련을 이미 받았습니다. 그러니 또 할 필요는 없습니다." 어느 누구 한 사람 나의 제자훈련 제안을 귀담아 듣는 이가 없었다. 제자훈련의 열정으로 내 가슴은 뜨거웠지만 아무도 진지하게 받아 주지 않았다. 결국 처음 제자훈련을 시작한 사람은 아내를 포함한 네 명의 자매였다. 그들은 모두 직분자가 아니었다. 하지만 그들로부터 시작된 제자훈련은 20년 동안 45기에 이르는 제자훈련생을 배출하기에 이르렀다.

"그 작은 자가 천 명을 이루겠고 그 약한 자가 강국을 이룰 것이라 때가 되면 나 여호와가 속히 이루리라"(이사야 60:22).

지금은 제자훈련의 이론에 통달한 목회자들이 많지만 그때만 해도 제자훈련에 대해 의심의 눈초리를 보내는 사람이 더 많았다. 1987년 당시만 해도 제자훈련의 모델은 사랑의교회 외에는 없었고, 제자훈련에 관련된 참고 서적도 찾기 어려웠다. 요즘처럼 구체적으로 이론을 배울 수 있는 세미나도 없었기에 나는 이등병의 자세로 모든 것을 직접 부딪쳐가며 제자훈련반을 운영했다. 1년 6개월 동안 열 명 이내의 사람을 데리고 씨름하는 모습을 본 동료 목회자들은 비효율적으로 목회를 한다며 나를 비웃었다. 어떤 목회자는 소수의 사람을 데리고 제자훈련을 할 시간이 있으면 교회를 더 크게 지어서 성도들로 채우는 데 열정을 쏟겠다고 말하기도 했다. 실패도 하고 좌절도 맛보았다. 그러나 결코 포기할 수는 없었다. 그 이유는 예수님도 공생애 동안 제자들을 훈련시키는 데 주력하셨고, 목회의 본질은 오직 제자훈련이라고 믿었기 때문이다.

나는 제자반을 운영하면서 성경에 나오는 세 교회, 예루살렘교회, 안디옥교회, 데살로니가교회를 모델로 삼았다. 내가 섬기는 교회가 세 교회의 장점을 닮은 교회가 되게 해 달라는 기도는 그때나 지금이나 쉬지 않고 계속 되고 있다. 지나고 보니 우리 교회는 세 교회의 장점을 조금씩 닮아가고 있는 것 같다. 하나님께서 거룩한 비전을 주시고 지금까지 도와주신 것을 생각하면서 감사와 영광을 돌린다.

　세례 요한은 욕심이 없는 자였다. 그는 맡겨진 일에만 최선을 다하면서 자기 위치를 지켰다. 그는 예수님이 높아지신 것으로 만족했다. 자신을 주목했던 사람들이 예수님을 좇는 것을 마땅한 일이라고 여겼다. 사람들의 위로와 박수를 기대하지 않았다. 목회를 하면서 가장 경계해야 할 것은 목회자가 자기 자신을 과대평가하는 것이다. 나르시스처럼 강물에 비친 자신의 모습에 도취되어 자기 스스로 물 속에 빠지는 일은 없어야 할 것이다. 목회자가 가장 조심해야 할 것이 바로 '나르시스 콤플렉스'이다.

　세례 요한은 정상에서 멋있게 물러났다. 하나님이 자신에게 맡겨 주신 일에 최선을 다하고 조용히 무대를 떠난 것이다. 리더가 첫 번째로 명심해야 할 것은 무대를 내려와야 할 때가 있음을 명심하고 겸손하게 주님을 섬기는 것이다. 내려올 때를 모르는 사람은 추해진다. 맡겨진 일에 최선을 다하고 물러나는 멋있는 목회자, 물러나야 할 때에 조용히 물러난 세례 요한과 같은 목회자가 되고 싶다. 물론 이 일을 위해서는 주님의 도우심을 간절히 구하며 기도로 미리 준비해야 할 것이다.

2
주께 순종하며
비전을 잃지 않는 교회

> 프랑스의 사상가 볼테르는 교회가 가까운 장래에 망할 것이 확실하다고 했다. 하지만 그가 예언한 건물에는 지금 영국 성서 공회 사무소가 있다.
>
> 에밀 부룬너

교회는 예수님처럼 생각하고 행동해야 한다. 교회는 예수님의 심장을 가지고 쉼 없이 달려야 한다. 예수님이 가시는 곳마다 수많은 사람이 변화되고 거듭나서 주님 앞에 무릎을 꿇었다. 교회도 그리해야 한다.

교회의 힘은 곧 성도들의 힘이다. 성도 한 사람 한 사람이 머리 되신 주께 온전히 순종할 때 세상을 뒤덮는 파도 같은 힘이 생긴다. 그러므로 그런 성도를 길러내는 교회가 먼저 건강해야 한다. 교회가 건강하지 못하면 세상 사람들에게 웃음거리가 될 수밖에 없다. 주님은 소금이 맛을 잃으면 세상 사람들에게 밟힐 것이라고 말씀하셨다(마태복음 5:13).

얼마 전 순장으로 섬기는 한 형제가 직장을 그만두었다. 40대에 과장으로 명예퇴직을 한 그는 자신이 그만두지 않으면 다른 동료가 직장을 잃어야 하는 상황을 모른 체 할 수 없었다. 그는 기도하면서 다른 직장을 알아보았지만 6개월이 지나도 일자리를 구할 수 없었다. 대부분의 회사가 주일에도 출근할 것을 요구했기 때문이다. 형제는 직장구하기를 포기하고 주일을 지킬 수 있는 새로운 사업을 시작했다. 과일 장사를 시작한 것이다. 그는 20년 가까이 입던 양복 대신에 작업복을 입었다. 그리고 매일 트럭을 몰고 다니며 과일을 판다. 그는 지금 아무런 제재도 받지 않으며 모든 예배와 사역에 기쁨으로 참여하고 있다.

나는 지금 모든 그리스도인이 이렇게 해야 한다고 주장

하는 것이 아니다. 다만 기독교 120년 역사를 가진 나라에서 주일에 쉬는 직장을 찾는 일이 이토록 어렵다는 것이 무엇을 말하는지를 이야기하고 싶은 것이다. 그것은 바로 우리 그리스도인들이 뿌린 씨앗이다. 그동안 우리가 주일을 철저히 지키는 모습을 보여 주었다면, 세상 사람들에게 모범이 되었다면, 주일을 지키는 일이 이처럼 힘들지는 않았을 것이다.

그러나 우리의 모습은 어떠했는가? 철저하게 주일을 지키는 자들을 율법적이라고 몰아붙이고, 적당하게 타협하며 신앙 생활하는 것이 지혜인 것처럼 생각했다. 하나님은 온전한 순종을 원하신다. 성도들이 하나님의 말씀에 온전히 순종했다면 우리 민족은 하나님께 더 큰 축복을 받았을 것이다. 교회 안에서도 적당주의와 기회주의, 이기주의가 판치게 되면서 그 악영향으로 사회는 더 깊은 죄악 속으로 빠져들고 있다. 성도들이 주님께 온전히 순종해야 이 혼란한 세상에서 빛과 소금의 역할을 감당할 수 있다.

※ ※ ※

"너희는 세상의 소금이니 소금이 만일 그 맛을 잃으면 무엇으로 짜게 하리요 후에는 아무 쓸 데 없어 다만 밖에 버려져 사람에게 밟힐 뿐이니라"(마태복음 5:13).

그리스도인에게는 세상의 잘못된 사상과 정신을 정화시키는 힘이 있다. 그러나 그리스도인이 세상과 타협하면 그 능력은 상실된다. 세상을 바꾼 그리스도인들은 지금도 모델이 되고 있다.

"영국의 양심"이라고 불리는 정치인 윌리엄 윌버포스는 영국의 악(惡)인 노예제도 폐지의 비전을 품고 뜻을 같이 하는 믿음의 형제들과 함께 날마다 기도했다. 그 결과 비전을 품은 지 46년만인 1833년에 노예제도가 폐지되는 결실을 맺었다. 결실을 바라보며 그가 한 말은 참으로 감동적이다. "나 한 사람의 힘만으로는 아무것도 할 수 없습니다. 우리는 함께 이 일을 했습니다. 이것이 바로 교회의 영광이라고 믿습니다."

주일학교에 대한 비전을 가졌던 존 워너메이커는 세계 최대의 주일학교인 베다니주일학교를 창립했다. 미국 체신부 장관직을 수락할 때 그는 주일성수와 주일학교 교사직을 유지하는 데 방해받지 않는다는 조건을 내세웠다.

이처럼 세상을 뒤바꾼 믿음의 사람들은 모두 꿈을 가지고 있었다. 목회자들에게도 꿈이 있어야 한다. 내 꿈이 아니라 주님이 주신 꿈을 가지고 목회를 해야 한다. 마틴 루터 킹은 꿈을 가진 목회자였다. 흑인 인권 운동에 앞장섰던 그는 암살당하기 1년 전에 "나에게는 꿈이 있습니다"라는 명연설을 남겼다. 다음은 연설 내용의 일부이다.

나에게는 꿈이 있습니다. 어느 날 조지아에서 미시시피와 앨라배마에 이르기까지 과거 노예의 아들들이 그 주인의 아들들과 함께 형제처럼 살게 되는 꿈입니다.
나에게는 꿈이 있습니다. 어느 날 백인 어린이가 흑인 어린이와 형제자매처럼 손을 잡게 되는 꿈입니다.
나에게는 꿈이 있습니다. 어느 날 단순히 자유를 얻기 위해서 집이나 교회에 불을 지르는 일이 없게 되는 꿈입니다.

…

나에게는 꿈이 있습니다. 어느 날 나의 네 아이가 내가 겪어야 했던 젊은 시절을 겪지 않고, 피부색 대신 인격을 기준으로 평가하고 평가받는 꿈입니다.

나에게는 꿈이 있습니다. 어느 날 이곳 워싱턴의 흑인들이 돈만 있으면 어디에서든지 집을 사거나 세를 들고 집을 가질 수 있는 꿈입니다.

그렇습니다. 나에게는 꿈이 있습니다. 어느 날 이 땅에 아모스의 예언이 실현되고, 정의가 강물처럼 흘러내리며, 진리가 거대한 분류처럼 흐르게 되는 꿈입니다.

나에게는 꿈이 있습니다. 어느 날 모든 사람은 평등하게 태어났고 창조주로부터 생명, 자유, 행복추구 등 양도할 수 없는 권리를 받았다는 제퍼슨의 말을 인정하게 되는 꿈입니다.

…

우리는 이런 신념을 가지고 새로운 날을 만들어낼 수 있습니다. 하나님의 모든 아이들이 흑인이든 백인이든, 유태인이든 유태인이 아니든 상관없이 함께 손을 잡고 "자유가 왔다. 자유가 왔다. 하나님 감사합니다" 하고 흑인 영가를 부를 수 있는 날을 만들 수 있습니다.

그의 꿈대로 인종차별은 철폐되었다. 그는 1968년 4월 4일 멤피스 로레인 호텔에서 암살되었지만, 1986년 미국 의회는 매해 1월 셋째 주를 킹 목사의 탄생을 기념하는 국경일로 지정했다.

이처럼 모든 목회자는 꿈을 꾸어야 한다. 나는 어릴 때 세상 사람들과 다를 바 없는 그리스도인들을 많이 보아 왔다. 그들은 교회에서는 아멘과 경건함으로 행동했지만 세상에 나가서는 아무런 영향도 끼치지 못했다. 그들은 주님의 뜻과 상관없는 비본질적인 일로 다투고, 오직 자신의 영광을 위해 봉사했으며, 칭찬은 좋아하고 희생은 멀리했다. 직분자들은 노력과 훈련 없는 영광만 생각하고 직분을 앞세워 위세를 부렸다. 그리스도인으로서의 의무는 멀리하고 권리만을 주장하는 그들의 모습은 이 세상 앞에서 참으로 무기력한 모습이 아닐 수 없었다. 교회 안에서의 모임이나 회의에 참석해 보면 세상과 다른 점이 별로 없다. 아니 오히려 더 살벌하고 험악하기까지 하다.

나는 목회자가 되면서 어떻게 하면 세상을 변화시킬 수 있을 것인가를 생각했다. 0.1%에 불과하던 공산주의자들이 러시아라는 거대한 국가를 공산화시켰는데, 왜 국민의 25%가 그리스도인이라고 이야기하는 우리는 세상을 변화시킬 수 없는 것일까? 그 생각의 결론은 그리스도인들의 영혼이 건강하고 훈련되어 있어야 세상을 변화시킬 수 있다는 것이다. 제자훈련이 시작된 이유도 바로 거기에 있다.

교회는 세상 사람들이 주님 앞에 가까이 나아올 수 있도록 해야 하는 것은 물론이요, 세상을 정화해서 범죄가 사라지고 질서와 정직이 지켜지게 해야 한다. 교회는 현세대 뿐 아니라 차세대를 위해 준비해야 한다. 세상은 지금 쾌락만을 추구하는 문화의 지배를 받고 있다. 성(性)적 타락과 육체적 쾌락만을 조장하는 세상을 교회가 구해내야 한다.

3
주기도문을 이루어 드리는 교회

> 불이 타기 위해 존재하는 것처럼 교회는 선교를 위해 존재한다. 교회의 가장 큰 죄는 복음을 전하지 않는 것이다.
>
> 에밀 부룬너

예수님이 가르쳐 주신 주기도문을 볼 때면 지금도 가슴이 뛴다. 교회가 실천해야 할 내용이 그대로 들어 있기 때문이다.

"그러므로 너희는 이렇게 기도하라 하늘에 계신 우리 아버지여 이름이 거룩히 여김을 받으시오며 나라가 임하시오며 뜻이 하늘에서 이루어진 것 같이 땅에서도 이루어지이다"(마태복음 6:9, 10).

주님은 바로 내가 해야 할 일을 주기도문을 통해 가르쳐 주셨다. "뜻이 하늘에서 이루어진 것 같이 땅에서도 이루어지이다." 오늘날의 교회는 주님의 뜻이 이 땅에서 이루어지기를 간절히 소원하고 있는가? 성도들은 주님의 뜻을 이 세상에서 이루기 위해서 무엇을 하고 있는가? 주께서 이 강력한 메시지를 주기도문으로 주신 이유는 우리가 평생 이 말씀을 마음에 품고, 기도하고, 행하기를 원하셨기 때문이다. 한국 교회가 120년 동안 주기도문의 내용만 바로 행했어도 지금과는 다른 기독교 문화를 이루지 않았을까 하는 생각을 해본다.

예수님은 주기도문을 통해서 우리에게 사명을 주셨다. 예수님은 하나님의 이름이 거룩히 여김을 받으시기를 원하신다. 성도들에게는 하나님이 이 땅에서 통치자로서의 권위를 소유하시게 해 드릴 의무가 있다. 이 세상 사람들이 하나님 앞에 무릎을 꿇고 하나님을 "하나님 아버지"라고 부르며 그분께 찬양과 영광을 돌려 드릴 때 비로소 이 땅에 하나님의 뜻이 이루어질 것이다. 예수님은 이 땅에 오셔서 하나님의 뜻을 행하셨다.

※ ※ ※

"내가 하늘에서 내려온 것은 내 뜻을 행하려 함이 아니요 나를 보내신 이의 뜻을 행하려 함이니라 나를 보내신 이의 뜻은 내게 주신 자 중에 내가 하나도 잃어버리지 아니하고 마지막 날에 다시 살리는 이것이니라"(요한복음 6:38, 39).

교회는 주님이 이 땅에서 행하신 사역을 계승함으로써 하나님의 뜻을 이루어 드려야 한다. 교회가 주님이 맡겨 주신 사역을 감당하지 못하면 주님은 통곡하실 것이다. 성도들 역시 교회가 세상 사람들로부터 멸시와 조롱의 대상이 되는 것에 가슴 아파하고, 자신이 섬기는 교회를 넘어 한국 교회 전체의 문제를 보며 애통히 여기는 자세를 가져야 한다. 그리스도 안에서는 모두 형제이다.

간혹 교회 문제를 세상의 법정에서 판결받으려는 경우가 있다. 세상을 정화시키고 변화시켜야 할 성도들이 교회의 문제를 들고 세상 법정으로 향하는 것은 주님 앞에 불순종하는 것이며 주님의 문제를 세상적인 방법으로 해결하려는 것이다. 세상 사람들이 교회 내의 여러 문제를 보면서 얼마나 교회를 가벼이 여기고 우습게보겠는가. 주님 말씀 안에서는 해결하지 못할 문제가 없다. 하나님께 순종하려는 자세를 가진다면 어떤 문제든 풀 수 있다.

교회가 세상 사람들로부터 조롱을 받는 이유 중 하나는 사랑의 결핍 때문이다. 오늘날에는 교회 내의 문제가 세상 사람들에게 너무 쉽게 알려진다. 진정한 그리스도인이라면 하나님을 사랑하는 마음으로 교회 문제를 내 문제로 여기고 감싸 안아야 한다. 통곡하며 기도해야 한다. 형제들의 문제 역시 사랑의 마음으로 감싸 주고 껴안아야 한다. 그렇다고 해서 모든 것을 그냥 덮어 준다면 문제가 더 커질 수 있다. 중요한 것은 해결을 미루고 덮자는 것이 아니라 주님의 방법으로 해결해야 한다는 점이다.

제자훈련을 통해 누리는 축복이 바로 '형제 의식'이다. 하나님의 말씀 안에서 개인의 문제를 드러내면 서로 자신의 문제처럼 마음 아파해 주고, 자신의 약함도 스스

럼없이 내놓고, 서로를 위해 간절히 중보 기도를 해 주어야 한다. 하지만 오늘날 교회 안을 살펴보면 너무나 살벌하다. 목사와 장로, 장로와 집사들은 서로 웃으며 악수를 하지만 이해관계나 자신의 권익이 위협을 받으면 쉽게 적으로 돌변하여 반목한다. 겉으로는 형제라고 하면서 내면을 숨기고 담을 쌓고 사는 경우가 숱하다. 많은 사람이 자신의 허물이 드러나면 큰일이 날 것이라고 생각한다. 그러나 인간은 본래 나약한 존재이므로 허물이 많고 부족한 것은 당연한 것이다. 예수님과 동행한 3년 동안 제자들은 깊은 형제 의식을 가지고 주님 안에서 강한 팀워크를 형성했다.

교회에 제자훈련을 도입하기 전에는 목회를 하면서 가장 힘든 일이 성도 간의 불화였다. 물론 직분자도 예외는 아니었다. 성도들 사이에 불화가 생기면 거의 대부분 어느 한 쪽은 다른 교회로 옮겨 가거나 아예 교회를 나오지 않았다. 그러나 제자훈련을 시작하면서 이런 문제가 해결되었다. 성도들에게 교회를 사랑하는 마음과 지체 의식이 생기면서 변화가 생긴 것이다. 말씀의 능력은 실로 대단한 결과를 가져왔다. 특히 1년 이상 함께 말씀을 공부하다 보면 서로의 약점과 문제점이 보여도 이해하게 된다. 어느 틈엔가 그 사람의 단점을 들추려는 마음보다 보듬어 주려는 형제의식이 생겨나기 때문이다.

제자훈련을 시작한 이후 직분자들끼리 다투어서 문제가 일어난 것을 보지 못했다. 문제가 생겨도 스스로 말씀 안에서 해결하려고 노력함으로써 큰 문제는 발생하지 않았다. 성도들이 하나 되지 못하면 사탄과의 싸움에서 절대로 이길 수 없다. 아무리 많은 사람이 있어도 오합지졸에 불과할 뿐이다. 이런 오합지졸로는 주님의 뜻을 이 땅에 이루어 드리고 나라와 권세와 영광이 아버지께 돌아가게 할 수 없다. 제자훈련을 통해 변화되고 성숙해진 제자들이 힘을 다해 성령의 역사를 섬길 때 비로소 주기도문의 내용이 실현될 것이다.

"우리가 그를 전파하여 각 사람을 권하고 모든 지혜로 각 사람을 가르침은 각 사람을 그리스도 안에서 완전한 자로 세우려 함이니 이를 위하여 나도 내 속에서 능력으로 역사하시는 이의 역사를 따라 힘을 다하여 수고하노라"(골로새서 1:28, 29).

4
성숙한 평신도들과 동역하는 교회

> 교회 없이는 아무도 구원받을 수 없다.
>
> 오리헨(Origen)

평신도 동역자와 함께 사역한 사도 바울은 로마서 16장에서 그들을 자랑하고 있다. 그 내용을 보면 바울이 성숙한 평신도들과 동역하면서 주님을 섬긴 열매가 얼마나 풍성한지를 알 수 있다. 초대 교회의 주체였던 평신도들은 적극적으로 교회를 부흥시키고 복음을 확장시켜 나갔다. 기독교 최초의 순교자로 잘 알려진 스데반은 집사였다. 복음을 전하는 일에 모든 것을 바쳤던 그는 그 열정으로 기독교를 탄압하던 사울을 주님의 사도로 만들었다.

주님은 평신도들을 일컬어 "왕 같은 제사장"이라고 하셨다. 구약 시대의 제사장은 하나님께 특별히 선택받은 사람이었다. 열두 지파 중에서도 레위지파, 레위지파 중에서도 아론의 집안, 아론의 집안 중에서도 하나님이 보시기에 가장 좋은 아들들, 바로 그들이 제사장이 되었다. 제사장은 당시 이스라엘의 엘리트이자 거룩한 사람이었다. 일생 동안 성전에서 헌신할 수 있는 그들의 특권은 신약 시대로 넘어오면서 예수님을 믿는 모든 자에게 주어졌다.

모든 성도는 하나님의 종이자 하나님의 제사장으로 부름받은 자들이다. 주님은 모든 그리스도인이 각기 주어진 재능과 은사, 직업을 통해 소명감을 가지고 헌신하기를 원하신다. 그리스도인들이 세상적인 성공에 집착하는 가치관을 초월하여 하나님께 헌신하겠다는 소명의식을 가질 때 하나님 나라는 더욱 빠르게 확장될 것이다.

"너희도 산 돌 같이 신령한 집으로 세워지고 예수 그리스도로 말미암아 하나님이 기쁘게 받으실 신령한 제사를 드릴 거룩한 제사장이 될지니라"(베드로전서 2:5).

하나님이 구약 시대의 제사장이라는 특권을 오늘날 우리에게 넘겨 주신 것은 엄청난 축복이요 특권이다. 하나님은 이 사실을 이사야를 통해서 미리 말씀하셨다.

"오직 너희는 여호와의 제사장이라 일컬음을 받을 것이라 사람들이 너희를 우리 하나님의 봉사자라 할 것이며 너희가 이방 나라들의 재물을 먹으며 그들의 영광을 얻어 자랑할 것이니라"(이사야 61:6).

신약 시대의 모든 성도는 레위 지파에 속하는 아론의 가문에서 선택된 아들, 즉 대제사장의 신분을 계승한 고귀한 자들이다. 평신도들이 자신은 왕에 견주어도 뒤지지 않는 제사장이라는 의식을 가지고 세상에 나아갈 때 복음은 더욱 확장될 것이고, 하나님 나라도 더욱 큰 힘을 발휘

할 것이다. 평신도를 제사장으로 부르시고 그에 합당한 역할을 기대하시는 하나님을 한시도 잊어서는 안 된다.

천국의 소망을 가진 평신도들을 훈련시키면 그들은 막강한 영적 군사가 된다. 자신의 위치와 사명을 깨달은 자들은 하나님 나라의 사역을 위해 생명도 내놓는다. 사도 바울은 그 사실을 다음과 같이 말하고 있다.

"그들은 내 목숨을 위하여 자기들의 목까지도 내놓았나니 나뿐 아니라 이방인의 모든 교회도 그들에게 감사하느니라"(로마서 16:4).

평신도들과 제자훈련을 하면서 가장 두드러지게 나타나는 것은 그들의 신앙이 날이 갈수록 성숙해진다는 것이다. 영적으로 성숙해지면 하나님의 뜻을 분별하는 지혜가 생긴다. 오늘날 교회의 직분자들 중에는 영적 성숙함과 무관한 사람이 많다. 단지 외적인 조건과 경력에 따라 직분이 주어지기 때문이다. 하지만 평신도를 향한 예수님의 기대치는 대단히 높다. 주님은 우리에게 온전함을 기대하신다. 우리가 하나님 아버지를 모델로 삼고 그 온전함을 이루기를 원하신다.

◼ ◼ ◼

"그러므로 하늘에 계신 너희 아버지의 온전하심과 같이 너희도 온전하라"(마태복음 5:48).

"그런즉 사랑하는 자들아 이 약속을 가진 우리는 하나님을 두려워하는 가운데서 거룩함을 온전히 이루어 육과 영의 온갖 더러운 것에서 자신을 깨끗하게 하자"(고린도후서 7:1).

"우리가 다 하나님의 아들을 믿는 것과 아는 일에 하나가 되어 온전한 사람을 이루어 그리스도의 장성한 분량이 충만한 데까지 이르리니"(에베소서 4:13).

성숙하지 못한 자들은 교회가 아닌 자기 자신을 섬긴다. 영적으로 어린아이들에게 일을 맡기면 그들은 오히려 하나님의 뜻을 거스르고, 교회를 분열시키며, 교회의 문제를 외부에 쉽게 알리고, 함께 비판한다. 영적 어린아이들의 특징을 살펴보자.

- 모든 생각이 자기중심적이기 때문에 자기밖에 모른다.
- 자기 마음에 들지 않으면 다투거나 주장이 관철될 때까지 억지를 쓴다.
- 쉬운 일만 하고 어려운 일은 피한다.
- 일을 맡으면 대부분 끝까지 해내지 못한다.
- 요구조건이 너무 많아서 양육자가 피곤하다.
- 선과 악의 분별 능력이 없다.
- 생각 없이 말을 함부로 한다.
- 자기에게 유익을 주는 사람은 무조건 좋아한다.
- 마음이 약하다.
- 시기심이 많다.

주님은 성도들이 성숙하기를 간절히 원하신다. 하나님 나라의 일은 성숙한 제자들에 의해 확장되는 것이다. 영적으로 어린아이들이 모인 고린도교회처럼 분쟁과 이기심과 다툼으로는 결코 복음 전파의 사명을 감당할 수 없다. 복음을 전파하는 일 앞에는 수많은 장애물이 있다. 장애물은 제자훈련을 통해서만 극복할 수 있다. 사도 바울은 복음에 미친 사람이었다. 그는 복음을 전하기 위해서는 영적인 군사가 되어야 한다고 강조했다.

제자훈련을 자칫 잘못 운영하면 성경 지식을 쌓는 데에만 치우칠 수 있다. 실제로 이런 오류를 범하는 예가 많으며, 이 점을 염려해서 제자훈련을 망설이는 목회자들도 많다. 그러나 제자훈련을 통해서 말씀을 직접 체험하게 해 준다면 그런 염려들이 기우였다는 것을 깨닫게 될 것이다. 하나님의 말씀을 체험하면 변하게 되어 있다. 하나님의 말씀을 가슴 깊이 체험하지 못한 사람이 논리를 따지고 이치를 논한다.

※ ※ ※

"이는 젖을 먹는 자마다 어린 아이니 의의 말씀을 경험하지 못한 자요 단단한 음식은 장성한 자의 것이니 그들은 지각을 사용함으로 연단을 받아 선악을 분별하는 자들이니라"(히브리서 5:13, 14).

말씀을 경험한 사람만이 진정한 선생이 될 수 있다. 말씀을 경험한 자들에게는 겸손과 영적 권위가 있는데, 이 영적 권위는 직분이나 경력이 아닌 하나님의 말씀을 경험한 자들에게서 나타난다. 하나님의 말씀을 경험한 평신도들과 동역하면 누구나 즐겁게 주님을 섬길 수 있다. 교회에서 가장 골치 아픈 사람들이 지식적으로만 말씀을 아는 자들이다.

※ ※ ※

"때가 오래 되었으므로 너희가 마땅히 선생이 되었을 터인데 너희가 다시 하나님의 말씀의 초보에 대하여 누구에게서 가르침을 받아야 할 처지이니 단단한 음식은 못 먹고 젖이나 먹어야 할 자가 되었도다"(히브리서 5:12).

5
성품으로 말하는 교회

> 세 명만 모여도 거기에 교회가 있다. 비록 평신도들이 모였다 할지라도.
>
> 테르툴리아누스

앤디 스탠리의 『성품은 말보다 더 크게 말한다』(디모데, 2005)에서 저자는 성품에 대해 정의 내리기를 "일신상의 어떤 대가를 치르더라도 하나님의 기준에 맞는 옳은 길을 가려는 의지이다"라고 했다. 그리고 성품은 생명체처럼 변한다. 오랜만에 만난 친구가 전혀 다른 사람처럼 보일 때가 있다. 세월이 지나면서 우리의 겉사람이 변하는 것처럼 속사람도 변하기 때문이다.

성품은 다른 사람과의 관계에서 윤활유 역할을 하여 건강한 교회를 이루는 데 도움이 된다. 성품 때문에 교회 안에서 다른 성도들과의 관계가 무너지는 일이 얼마나 많은가? 하나님이 원하시는 성품을 가진 사람은 바로 섬기는 사람이다. 하나님은 성도 개개인과 주님이 세우신 교회 공동체가 성품으로 말하기를 원하신다.

"곧 창세 전에 그리스도 안에서 우리를 택하사 우리로 사랑 안에서 그 앞에 거룩하고 흠이 없게 하시려고"(에베소서 1:4).

"자기 앞에 영광스러운 교회로 세우사 티나 주름 잡힌 것이나 이런 것들이 없이 거룩하고 흠이 없게 하려 하심이라"(에베소서 5:27).

성품의 변화는 제자훈련을 통해 맛볼 수 있는 은혜이다. 평택 대광교회에서는 제자훈련을 마칠 때가 되면 제자훈련을 받은 성도는 배우자나 자녀로부터 자신이 어느

부분에서 어떻게 변했는지 평가를 받는다. 가장 가까운 가족이 그 사람의 변화를 가장 잘 알기 때문이다.

제자훈련을 받은 남자 성도들의 아내들은 남편들의 변화에 대해 이렇게 이야기했다.

"제자훈련을 받기 전에는 지독하게 자기중심적인 사람이었어요. 그런데 이제는 모든 문제를 하나님의 관점에서 바라보며, 특히 말씀의 권위 앞에 순종합니다."

"직업상 스트레스를 많이 받는 남편은 퇴근해서 현관에만 들어서면 늘 인상파처럼 인상을 썼어요. 그런데 요즘은 언제나 싱글벙글합니다."

"자녀들에게 세상 목표가 아닌 신앙의 유산을 물려 주기 위해 노력하고 기도하는 남편의 모습이 멋집니다."

"명령하는 말투가 상냥한 말투로 바뀌었습니다."

"칭찬과 격려에 너무나 인색했는데 지금은 그런 말들이 생활화되었습니다."

"전에는 말씀을 묵상하거나 기도하는 일은 자신이 나약하다는 것을 인정하는 것이고, 세상에 나갈 용기가 부족해서 절대자에게 기대는 유약한 행위라고 말했습니다. 하지만 지금은 아주 조그만 일에도 기도로 하나님의 뜻을 구합니다."

"출장을 다녀올 때는 가족을 위해 선물을 사오는 등 애정 표현을 많이 합니다."

"교회관이 바뀌어서 주님의 몸 된 교회를 사랑하고, 교회 일을 자기 일처럼 열심히 합니다. 교회를 위한 기도도 열심히 해요."

하나님과의 바른 관계 속에서 나타나는 것이 바로 성품

의 변화이다. 그리고 성품의 변화는 하나님의 목적을 이루게 한다. 그래서 하나님은 그리스도인들의 성품에 초점을 맞추고 그 일을 위해 헌신하신다. 하나님의 성품을 닮아가려는 교회는 선한 목적을 가지고 있다. 주님을 닮아가기 위해 노력하는 성도가 많은 교회는 사탄이 가장 두려워하는 교회이다. 그런 교회야말로 하나님의 뜻을 이루어 드리기 위해 오늘을 사는 교회이다.

"하나님이 미리 아신 자들을 또한 그 아들의 형상을 본받게 하기 위하여 미리 정하셨으니 이는 그로 많은 형제 중에서 맏아들이 되게 하려 하심이니라"(로마서 8:29).

"그러므로 하늘에 계신 너희 아버지의 온전하심과 같이 너희도 온전하라"(마태복음 5:48).

6
'현장 부흥회'를 개최하는 교회

> 분열된 교회는 세상을 이기지 못한다.
>
> 찰스 H. 브렌트

제자훈련을 제대로 받은 사람은 현장 지휘관이 될 수 있다. 아무리 상식적인 일이라도 현장에서 직접 경험해 보는 것과 이론만 아는 것은 다르다. 제자훈련은 현장 교육이다. 한국에 기독교가 들어온 지 120년이라는 긴 세월이 지났는데도 이 땅에 기독교 문화가 뿌리 내리지 못한 이유는 우리가 '예배당' 안에서만 뜨거웠기 때문이다. 직분자일수록 현장을 싫어하고 명예직을 좋아한 결과이기도 하다.

예수님은 제자들을 산과 바다, 그리고 사람들이 모인 거리 한가운데로 이끄셨다. 심지어 어떤 때는 바리새인들과 서기관들에게까지 데리고 다니시면서 실제적인 훈련을 시키셨다. 군사들에게 적은 정해져 있지 않다. 상대는 수시로 바뀐다. 예수님의 제자들이 강한 군사가 되어야 하는 이유가 거기에 있다. 어떤 상황에서 어떤 적군이 온다 해도 이길 수 있는 현장 훈련이 바로 제자훈련이다.

사람은 현장에서 부딪히면서 성숙한다. 평택 대광교회는 24년 동안 단 네 번의 부흥회를 열었다. 그런데도 교회가 오늘까지 달려올 수 있었던 것은 바로 현장 부흥회가 있었기 때문이다. 현장 부흥회는 실전에 강한 전투병들과 일선 지휘관들을 키워냈다. 특히 사역을 맡은 지 10년 이상 된 순장들은 여전히 지휘관으로서 사역에 활기를 불어넣고 현장에서 살아 있는 은혜를 누리고 있다.

특히 전도의 현장에서 받은 은혜는 삶에 큰 힘이 된다. 다른 교회에서 매년 개최하는 부흥회가 은혜를 받는 데 초점이 맞추어져 있다면, 평택 대광교회에서 매년 개최하는 대각성전도집회 '행복 축제'와 순모임별로 열리는 '순모임별 전도 축제'는 현장으로 달려 나가 은혜를 나누어 주는 데 초점이 맞추어져 있다. 평택 대광교회의 '전도 축제'에는 나누어 주기를 원하는 모임의 생명력이 있다. 성도들은 복음을 전하고 섬기면서 은혜를 받고 성숙해진다.

하나님의 말씀을 묵상하여 깨달은 바를 들고 현장으로 나가면, 성령께서 직접 일하시는 것을 체험하게 된다. 이 것은 말씀이 일으키는 현장 부흥회이다. 그리고 제자훈련이야말로 가장 확실한 현장 부흥회이다.

오래전에 신학교를 졸업한 자매가 있었다. 그녀는 성격이 예민하고 자기중심적이라서 남편과 다툼이 잦았다. 상황은 점점 심해져서 급기야 1주일이면 폭력적인 싸움을 서너 번씩 하기에 이르렀다. 집안에 있는 살림살이는 싸움으로 박살이 났다. 그런데 위기에 처한 그 가정이 그녀가 제자훈련을 받으면서 변하기 시작했다. 그녀는 제자훈련 수료식 중 간증을 통해 "가정불화의 원인이 남편에게

만 있다고 생각했는데 알고 보니 더 큰 문제는 저에게 있다는 것을 깨달았습니다" 하고 고백했다. 자매의 간증은 모든 사람에게 감동을 주었다. "저는 제자훈련을 시작한 이후에는 단 한 번도 남편과 싸우지 않았습니다. 어느 날 남편이 제게 이렇게 말했습니다. '여보, 우리 너무 심심하다. 연습으로 한 번 싸워 보자'." 이후 그 자매의 남편도 제자훈련에 참여했고, 18년이 지난 지금은 그들의 자녀들까지 충성스럽게 주님을 섬기고 있다. 하나님의 말씀은 살아 있다. 살아 있는 말씀은 우리의 삶을 변화시킨다. 하나님의 말씀을 듣고 현장으로 나가면 현장 부흥회의 은혜를 경험할 것이다.

제자훈련을 하다 보면 이런 변화는 일상적인 일처럼 되어버린다. 나는 사람은 변하지 않는다고 굳게 믿고 있었다. 그런데 제자훈련을 통해 사람이 변화되는 것을 직접 보면서 그 생각이 잘못되었음을 깨달았다. 그때부터 제자훈련에 미칠 수밖에 없었다. 제자훈련 사역을 하면서 훈련생들과 함께 울고 웃었다. 초창기에는 제자훈련을 한 번 시작하면 다섯 시간을 넘기기도 했다. 정말로 미친 것이었다. 그렇게 2년 정도 하고 나니 몸에 무리가 오기 시작했다. 온몸이 나른하고 무엇을 먹어도 입맛이 없었다. 식사를 마음대로 할 수 없게 되자 몸이 말라갔다. 병원에서는 혈소판 수치가 정상인의 3분의 1정도 밖에 되지 않고 소화기 계통에 문제가 많다고 했다. 나는 그때 이후 거의 1년 동안 쉬면서 치료를 한 결과 많이 회복되었지만 지금도 항상 조심하고 있다.

목사에게 사람이 변해 가는 것을 보는 것보다 더 큰 기쁨이 어디 있겠는가? 그러니 제자훈련을 하면서 목사가 미치는 것은 당연한 일인지도 모른다. 그러나 목회는 멀리 보고 달리는 마라톤과 같다. 단거리 코스가 아니기에 페이스를 조절하는 지혜도 필요하다. 제자훈련은 개인의 변화뿐 아니라 가정과 우리가 살고 있는 지역, 더 나아가 나라 전체가 주님 앞에 무릎 꿇게 하는 능력이 있다.

"하나님의 말씀은 살아 있고 활력이 있어 좌우에 날선 어떤 검

보다도 예리하여 혼과 영과 및 관절과 골수를 찔러 쪼개기까지 하며 또 마음의 생각과 뜻을 판단하나니 지으신 것이 하나도 그 앞에 나타나지 않음이 없고 우리의 결산을 받으실 이의 눈 앞에 만물이 벌거벗은 것 같이 드러나느니라"(히브리서 4:12, 13).

7
복음 전파의 방해를 극복하는 교회

> 오늘 진리를 놓고 타협하는 교회는 내일이 되면 도덕을 놓고 타협할 것이다.
>
> H. D. 브루스

예수님의 삶은 그 자체가 복음 전파였다. 예수님은 이 땅에서 사역하실 때 많은 방해를 받으셨다. 방해의 주동자들은 대부분 유대인들이었다. 하나님의 대변자처럼 행동하던 바리새인과 서기관이었던 그들은 복음을 전하시는 주님의 사역에 사사건건 트집을 잡고 불신했다

※ ※ ※

"바리새인들이 보고 그의 제자들에게 이르되 어찌하여 너희 선

생은 세리와 죄인들과 함께 잡수시느냐"(마태복음 9:11).

"그 때에 요한의 제자들이 예수께 나아와 이르되 우리와 바리새인들은 금식하는데 어찌하여 당신의 제자들은 금식하지 아니하나이까"(마태복음 9:14).

그 당시 복음 전파의 방해자는 이방인이 아니라 사회의 지도층이라고 자부하던 바리새인과 서기관이었다. 오늘날 관습과 허례허식에 사로잡힌 자들 때문에 복음의 영향력이 상실되고 있는 것과 비슷한 모습이다. 예수님은 복음을 방해하는 낡은 구습을 벗어버리고 복음을 효과적으로 처리할 새 부대가 필요하다고 말씀하셨다.

■ ■ ■

"생베 조각을 낡은 옷에 붙이는 자가 없나니 이는 기운 것이 그 옷을 당기어 해어짐이 더하게 됨이요 새 포도주를 낡은 가죽 부대에 넣지 아니하나니 그렇게 하면 부대가 터져 포도주도 쏟아지고 부대도 버리게 됨이라 새 포도주는 새 부대에 넣어야 둘이 다 보전되느니라"(마태복음 9:16, 17).

 복음을 가장 열심히 전하는 자는 대체로 이제 막 예수님을 믿기 시작한 초신자들이다. 직분과 경력을 자랑하는 자들일수록 오히려 복음을 전하는 것을 두려워하고 소극적인 자세를 보이는 경우가 많다. 그러한 성도가 많으면 많을수록 그 교회는 정체되고 생명력을 잃어간다. 복음의 열정이 없는 교회는 생명의 공동체로서의 활력을 잃어가게 된다.

 간혹 성도들 중에는 성경에 해박하고 신앙 경력이 오래되었는데도 교회를 섬기는 일에는 미숙한 사람들이 있다. 그런 성도들은 자신은 물론이고 다른 성도들에게도 선한 영향을 끼치지 못한다. 교회에 유익을 주지 못함은 물론이다.

 예를 들어 수십 년 동안 성가대만 섬겨온 성도의 경우 교회의 다른 활동에는 적응하지 못하는 것을 종종 볼 수 있다. 얼마 전에 우리 교회는 성가대를 찬양단으로 전환

했다. 성가대원들은 주일 오전 10시부터 오후 2시까지 찬양 연습을 했다. 연습을 마친 후 식사까지 하면 오후 3시 가까이 된다. 그러니 다른 봉사는 생각하기도 힘든 형편이었다.

그런 이유 때문인지 성가대원들 중에는 제자훈련을 받는 것을 달가워하지 않을 뿐 아니라 그 외의 다른 봉사 사역에도 관심이 없는 이들이 예상 외로 많았다. 그렇다고 그들이 찬양 사역을 위해 영성을 무장하는 것도 아니었다. 기도하고 말씀을 묵상하는 경건 훈련과 전도 사역에도 무관심했고, 주일 대예배에 출석하는 것으로 만족하는 이들도 있었다. 아무런 준비 없이 단지 입술로만 찬양을 한다면 그것은 노래에 불과하다.

이런 문제점들을 해소하기 위해 제자훈련을 받은 자들을 성가대에 투입했다. 그러다 보니 이들까지 다른 봉사와 사역에 아예 손을 놓고 성가 연습에만 매달리는 일이 생겼다. 어떤 성가대원은 주님보다 성가대를 더 귀히 섬기는 것 같이 보이기도 했다. 고민 끝에 성가대를 없애고 찬양단이 모든 예배를 섬기도록 했다. 현재 찬양단과 함께하는 예배는 또 다른 감격을 주고 있다.

내가 과감하게 성가대를 없앤 것은 건강한 교회로 주목을 받는 릭 워렌 목사의 새들백교회, 미국에서 가장 유명한 대중 전도 사역자인 그렉 로리 목사가 담임으로 있는 하비스트교회, 어윈 맥마너스가 섬기는 모자이크교회 등을 참관하면서 깨달은 것을 행동으로 옮긴 것이다. 형식과 전통을 고수하기보다는 하나님 나라의 뜻을 이루는 데 유익한 편을 택한 것이다.

복음의 능력은 현장에서 빛을 발한다. 예배당에만 앉아서 하나님 나라를 확장할 수 없다. 현장으로 나가야 한다. 하나님은 오늘도 현장으로 나갈 일꾼들을 찾고 계신다.

"이르시되 추수할 것은 많되 일꾼이 적으니 그러므로 추수하는 주인에게 청하여 추수할 일꾼들을 보내 주소서 하라"(누가복음 10:2).

8
다음 세대를 준비하는 교회

> 마음에 고통을 가지지 않는 교회는 입술에 위대한 음악을 가질 수 없다.
>
> 칼 바르트

예수께서 제자들에게 내리신 지상 명령은 교회가 예수님의 사역을 계승해야 한다는 것이었다. "제자를 삼다"라는 말은 강하게 가르치고 훈련시킨다는 뜻이다. 이에 예수님의 제자들은 복음이 지속적으로 선포되어야 할 사명임을 깨닫고 곳곳으로 나아가서 복음을 전파했다.

※ ※ ※

"그러므로 너희는 가서 모든 민족을 제자로 삼아 아버지와 아들과 성령의 이름으로 세례를 베풀고 내가 너희에게 분부한 모든 것을 가르쳐 지키게 하라 볼지어다 내가 세상 끝날까지 너희와 항상 함께 있으리라 하시니라"(마태복음 28:19, 20).

예수께서 단지 세상 사람들을 "전도하라"고 명하시지 않고 "제자 삼으라"고 하신 이유는 바로 사역의 계승 때문이었다. 교회는 예수님의 사역을 계승해야 한다. 주님의 제자가 또 다른 제자를 세워서 복음 전파의 일꾼으로 삼는다면, 주님의 사역은 주님이 오시는 날까지 지속될 것이다. 이런 이유 때문에 예수님이 3년 동안 제자들을 훈련시키신 것이다. 성도 한 사람 한 사람이 사역의 계승자라는 확신을 가질 때 비로소 이 땅에 하나님의 뜻이 이루어질 것이다.

예수님은 제자들에게 사역을 명령하셨다. 이는 바로 교회에 하신 명령이며 오늘날 성도들에게 하신 명령이다. 예수님이 세우신 열두 제자는 세상 곳곳으로 흩어져서 복음을 전했다. 그들이 세상을 변화시킨 것이다. 이것이 바로 교회가 해야 할 일이다.

예수님의 지상 명령은 미래를 준비하라는 것이다. 진정한 주님의 제자를 키워내지 못하면 한국 교회도 유럽의 교회들처럼 건물만 남게 될 것이다. 쾌락만을 추구하는 현 세대에서 건강한 믿음의 자녀를 양육하는 것은 교회의 몫이다. 그러기 위해서 교회는 세상의 문화와 가치관에 타협해서는 안 된다.

부모들은 자녀들이 어릴 때부터 하나님의 말씀으로 양육해야 한다. 다음은 로버트 필컴의 수필집 『내가 정말 알아야 할 모든 것은 유치원에서 배웠다』(삼진기획, 2004)의 일부이다.

> 내가 어떻게 살고, 무엇을 하고, 어떤 사람이 되어야 하는지와 같이, 살아가기 위해 알아야 하는 모든 것은 유치원에서 배웠다. 이것이 바로 나의 신조이다. 지혜는 산꼭대기의 대학원이 아니라, 유치원의 모래성에 있었다. 나는 이 모든 것들을 유치원에서 배웠다.

- 모든 것을 나눠 가져라.
- 정정당당하게 겨뤄라.
- 남을 때리지 마라.
- 물건을 사용하고 난 뒤에는 반드시 제자리에 갖다 놓아라.
- 자기가 어지른 것은 자기가 치워라.
- 남의 것을 빼앗지 마라.
- 다른 사람에게 상처를 주었다면 용서를 구하라.
- 식사하기 전에는 손을 씻어라.
- 용변을 본 뒤에는 반드시 변기 물을 내려라.
- 따뜻한 쿠키와 찬 우유는 몸에 좋다.
- 균형 잡힌 생활을 해라. 매일 무언가를 조금씩 배우고, 생각하고, 노래하고, 춤추고, 놀고, 공부해라.
- 매일 오후에는 낮잠을 자라.
- 집 밖을 나설 때는 차를 조심하고, 손을 꼭 잡고 함께 다녀라.
- 경이로움을 느껴라. 스티로폼 컵에 심은 씨앗을 기억하

라. 거기서도 뿌리를 내리고 식물이 자란다. 어떻게, 그리고 왜 그러는지는 모르지만, 우리의 삶도 그와 같다.
- 물고기, 햄스터, 흰쥐, 스티로폼 컵에 심은 씨앗까지 모두 죽는다. 우리도 마찬가지다.
- 그림동화와 맨 처음 배운 "이것 좀 봐!(Look!)"라는 단어를 기억하라.

우리가 알아야 할 모든 것이 거기 어딘가에 있다. 황금률(남에게 대접받고 싶은 만큼 남을 대접해야 한다는 규칙 - 옮긴이)과 사랑, 기본적인 공중위생, 생태학과 정치학, 평등, 올바른 정신으로 살아가는 법······.

이들 가운데 하나를 선택해서 세련된 어른의 말로 바꾸어 가정이나 직장, 국가, 세계에 적용한다. 그러면 그 의미는 더욱 명료해지고 확고해진다. 온 세상 사람들이 매일 오후 3시에 쿠키와 우유를 먹는다면 이 세상이 얼마나 행복할지 상상해 보라. 모든 나라의 사람들이 사용한 물건을 제자리에 갖다 놓고 어지른 것은 스스로 치운다는 것을 기본 정책으로 세운다면 세상은 얼마나 살기 좋을까. 나이가 몇 살이든 누구나 집 밖을 나설 때는 손을 꼭 잡고 함께 다녀야 한다는 것은 정말 맞는 말이다.

하나님은 자녀들을 어려서부터 교육하라고 말씀하신다. 이는 다음 세대를 준비하라는 뜻이다. 신앙의 기초 위에서 하는 교육이야말로 미래를 준비하는 가장 확실한 교육이다.

미국의 공교육이 심각한 위기에 빠진 것은 신앙의 기초가 흔들리기 시작한 때부터이다. 유명한 철학자 존 듀이의 "아이들이 무엇을 배우느냐보다 더 중요한 것은 어떻게 배우느냐이다"라는 주장은 미국 공교육의 위기를 부채질했다. 그의 이런 주장은 아이들의 자기표현을 중시하는 열린 교육의 시발점이 되기는 했지만, 아이들이 성경을 경시하고 먹고 싶은 햄버거를 고르듯이 도덕과 윤리에 대한 기준점도 마음대로 정하게 만들어버렸다. 그 결과

십대 청소년들은 마약중독과 성(性)적 타락을 향해 더욱 빠르게 달려가고 있다. 미국의 고등학생 다섯 명 중 한 명이 무기를 소지하고 있으며, 그 중 권총은 10만 정에 육박한다고 한다. 자녀들은 죄에 심각하게 노출되어 있다. 중요한 것은 사람들이 하나님 말씀의 권위 앞에 순종할 때는 그런 일들이 일어나지 않았다는 점이다.

하나님의 말씀에 기초한 교육만이 미래를 보장한다. 성경은 하나님의 말씀을 지키면 "너희의 날이 장구하리라"(신명기 11:9하)라고 말씀한다. 이는 하나님의 말씀을 지키는 것이야말로 일시적인 보장이 아니라 미래를 준비하고 보장받는 유일한 길임을 알려 주는 것이다. 하나님의 말씀을 지키는 삶이야말로 인생을 흥하게 하는 유일한 방법이다.

"곧 너와 네 아들과 네 손자들이 평생에 네 하나님 여호와를 경외하며 내가 너희에게 명한 그 모든 규례와 명령을 지키게 하기 위한 것이며 또 네 날을 장구하게 하기 위한 것이라"(신명기 6:2).

기독교는 우리나라의 개화기 이후 교육에 절대적인 영향을 끼쳤다. 19세기 말까지 소수의 양반층을 제외한 대다수의 백성들이 문맹이었다. 그러던 것이 1887년 로스 선교사의 주도로 최초의 한글 성경이 보급되면서 천민과 상민, 기생에 이르기까지 수많은 사람이 글을 깨치기 시작했다. 그 결과 많은 국어학자나 문학가들은 기독교의 영향을 받으면서 작품 활동을 하게 되었다.

오늘날의 학교는 거의 다 현대 교육의 시초라고 할 수 있는 미션스쿨로 출발했다. 양반층은 서양의 학문을 배척하여 자녀들을 학교에 보내지 않았지만 중·하층민은 배움에 대한 갈증을 해갈하기 위해 미션스쿨에 몰려 들었다. 장로교에서는 고아들을 위해 경신학당을 세웠고, 감리교에서는 배제학당을 세웠다. 여성들을 위해서는 이화학당이 세워졌다. 1906년에 세운 숭실학당은 숭실대학교의 전신으로, 우리나라 최초의 대학교이다. 1915년에는 미국 북장로교회 선교사들에 의해 연세대학교의 전신인 연희전문학교가 세워졌다.

선교사들이 이 땅에 들어온 지 20년 만에 지금의 초등학교부터 대학교에 이르는 교육 시스템이 완성되었다. 논어와 맹자만 가르치던 유교식 교육이 오늘날의 실용적인 교육으로 바뀐 것이다. 안창호와 김규식 같은 수많은 민족 지도자는 기독교의 영향으로 배출되었다. 이처럼 교회는 우리나라의 교육에 지대한 영향을 끼쳤다. 앞으로도 교회가 교육에 앞장서야 한다는 사실은 변하지 않는다.

현대 사회에서 우리 자녀들은 파괴되어 가고 있다. 학원 범죄는 심각한 수준을 넘어섰고, 많은 기독교 학교는 영향력을 상실하고 있다. 인터넷의 수많은 유해 정보는 청소년들의 가치관을 혼란스럽게 만들고 있다. 청소년들은 인터넷에 빠져서 사이버 세상과 현실을 혼동하고, 현실에 충실하지 못한다. 게임과 음란 채팅, 포르노가 곳곳에서 청소년들을 노리고 있다. 인터넷의 최대 피해자는 바로 우리 자녀들이다. 영화도 마찬가지이다. 요즘 한국 영화에는 욕설이 난무한다. 폭력과 욕설이 많은 영화일수록 흥행에 성공한다. 지금까지 청소년의 시선을 빼앗은

폭력 영화에는 〈친구〉, 〈신라의 달밤〉, 〈조폭 마누라〉, 〈가문의 영광〉 등이 있다. 이런 영화들은 조직폭력배를 근사하게 묘사하고 있다. 〈황산벌〉이란 영화는 아예 욕설로 도배를 했다. 이런 문화 속에서 어떻게 건강한 미래의 리더들이 나올 수 있겠는가.

자녀에게 철저한 성경 교육을 실시하고 있는 유대인들은 지금 세계에서 가장 영향력 있는 민족이 되었다. 유대인의 교육 내용을 보면, 오전 시간은 온전히 성경 교육으로 이루어지고 오후에는 세상적인 지식을 교육한다. 그런데도 노벨상 수상자의 3분의 1을 유대인이 차지하고 있다. 미국의 변호사 20%, 대학 교수 30%, 프린스턴 대학의 학생 90%, 하버드 대학의 학생 50% 이상이 유대인이다. 1999년 미국의 시사주간지 「타임」(Time)이 뽑은 20세기에 세계에서 가장 영향력 있는 사람은 과학자 아인슈타인과 찰스 다윈, 심리학자 프로이드, 사회학자 마르크스이다. 이들 중 찰스 다윈을 제외한 나머지는 모두 유대인이다.

유대인들이 영향력 있는 민족이 된 힘은 세상 학문에서 나온 것이 아니다. 하나님의 말씀대로 자녀를 가르치고 하나님의 말씀대로 살려고 노력한 결과이다. 하나님의 말씀에 따라 자녀를 키우면 자녀들은 건강한 그리스도인으로 성장해서 세상에 영향력을 끼치게 될 것이다. 건강한 그리스도인들이 정치·경제·사회·문화를 포함한 곳곳에서 리더가 되어야 한다. 그래야 우리 민족에 소망이 있다.

평택 대광교회는 이 일을 위해 오래전부터 기독교 학교 설립의 비전을 가지고 기도해 왔다. 최근에는 모든 성도가 합심해서 충북 진천에 11만 평의 땅을 매입했다. 땅을 매입한 후에 알게 된 사실인데, 우리 교회가 산 땅은 매입 직전까지 투기 지역으로 지정되어 있어 매매가 불가능한 토지였다고 한다. 그런데 우리 교회가 그 땅을 사기로 결정하기 얼마 전에 제재가 풀렸고, 매매가 이뤄지고 등기를 마치자 다시 투기 지역으로 묶였다. 그런 일이 일어난 기간은 8개월에 불과하다. 하나님이 그 땅을 사용하시기 위해 모든 것을 예비해 주신 것이라고밖에는 생각할 수 없다. 얼마 후면 우리 자녀들에게 철저한 믿음의 훈련을 시킬 기독교 중·고교가 설립될 것이다. 그 학교가 이 나라를 이끌어 갈 리더를 배출하는 산실이 되기를 꿈꾸며 기도한다.

조기유학이 점점 증가하는 것은 많은 부모가 국내 교육을 불신한다는 증거이다. 외국보다 더 좋은 학교가 국내에 세워진다면 비용과 위험의 부담을 안고 유학을 가지 않아도 될 것이다. 현재 대부분의 미션스쿨이 제 기능을 하지 못하고 있다. 미션스쿨의 많은 교사는 구원의 확신이 없거나 불신자들이다. 얼마 전부터는 성경과 철학이 선택 과목으로 정해지는 등 미션스쿨 내의 기독교 교육이 축소되고 있다. 이런 상황에서 바른 신앙 교육은 불가능하다. 이제는 교회가 나서야 한다. 대안학교 형태로라도 영성과 인성, 지성을 바로 가르치는 교육기관을 세워서 다음 세대를 준비하는 인재를 양성해야 할 것이다.

9
복음 전파에
생명을 거는 교회

> 교회는 "보라, 내가 만물을 새롭게 할 것이다"라는 말씀을 가지고 사회를 향해 나아가야 한다.
>
> 칼 바르트

교회가 영혼을 구원하기 위해 노력하는 것은 곧 주님의 뜻을 이루어 드리는 일이다. 예수님은 처절한 고난을 감내하면서 교회를 세우셨다. 바로 우리를 구원하기 위해서이다. 값비싼 대가를 치루고 세워진 교회는 주께서 맡겨 주신 임무에 최선을 다할 의무가 있다. 교회는 주님이 하신 일을 이어서 해야 한다. 따라서 제자 삼는 사역이 복음 전파까지 연결되지 못한다면 그 사역은 성공적인 사역이라고 할 수 없다. 성도들이 복음에 대한 열정을 품으면 성도 자신뿐 아니라 교회가 건강해진다.

교회가 경직되고 굳어 있는 이유는 전도를 하지 않기 때문이다. 신앙을 가진 지 오래된 성도들 중에서 전도를 하지 않는 성도들은 이상한 고집을 가지고 있다. 그들은 비 본질적인 것에 관심이 많다. 그래서인지 교회 내의 조직이나 건물의 틀 하나 고치는 데도 기를 쓰고 반대한다. 어느 교회는 강대상을 바꾸는 데만도 몇 년이 걸렸다고 한다. 고인 물은 썩기 마련이다. 물이 썩지 않기 위해서는 끊임없이 새로운 물이 공급되어야 한다. 따라서 주님의 몸인 교회가 유기적으로 성장하기 위해서는 전도를 통한 새로운 물을 공급받는 것이 반드시 필요하다.

목회를 하면서 느끼는 것이 있다. 아무리 강조해도 지나치지 않은 것은 바로 전도와 기도라는 점이다. 전도는 주님의 뜻이기 때문에 아무리 많이, 아무리 열심히 해도 부작용이 없다. 전도는 교회를 건강하게 만들고, 성도의 신앙을 성숙하게 만드는 다음과 같은 유익이 있다.

- 전도는 주님의 마음을 알게 한다. 전도는 한 영혼을 불쌍히 여기는 사랑의 마음을 낳는다.
- 전도는 섬기게 한다. 전도자는 대접을 받으려고 하지 않는다.
- 전도는 기도하게 한다. 전도자는 다른 영혼을 위해 중보기도한다.
- 전도는 진정한 행복과 기쁨을 맛보게 한다. 한 영혼이 주께 돌아올 때의 감격은 어떤 것과도 비교할 수 없다.
- 전도는 감사와 찬양하는 삶을 살게 한다.

전도는 주님이 교회에 위임하신 사역이며, 교회가 해야 할 가장 중요한 사역이다. 만약 교회가 전도하지 않는다면 이는 주님의 몸과 입을 꽁꽁 묶어 두는 것과 같다. 아직도 이 세상에는 복음을 한 번도 듣지 못한 사람이 많이 있다.

전도에 대한 별도의 훈련을 받은 적이 없던 나는 교회를 개척한 후 1,000장의 전도지를 만들어 인근 지역에 나누어 주기 시작했다. 지금 생각하면 엉성하게 만든 인쇄물이었지만 그 당시 나는 그 인쇄물을 옆에 두고 열심히 기도했다. "하나님, 이 전도지를 보고 단 한 명만 찾아와도 좋습니다." 기도한 대로 한 청년이 교회를 찾아왔다. 그 청년은 교회에서 만난 자매와 결혼하여 자녀를 낳았고, 나중에는 처제의 가정까지 인도하는 결실을 맺었다.

그 이후 1989년쯤 '전도폭발 지도자 임상훈련'에 참가할 기회가 생겼다. 훈련을 받은 나는 전도에 대한 열정을 품게 되었다. 교회로 돌아오자마자 훈련생을 모집했고, 아내와 한 명의 훈련생과 1기 훈련을 시작했다. 우리는 첫 현장실습을 나가서 한 자매를 만나 복음을 전했다. 그 자매는 자신을 소개하기를, 기독교 대학을 나왔지만 '예수쟁이들'을 끔찍이도 싫어해서 차도 같이 마시지 않는 골수 불교도라고 했다. 학교에서 기독교개론 과목을 A학점 받았다는 그녀는 복음을 전하는 나보다 더 많은 말을 하고 더 많은 질문을 퍼부었다. 한 시간 정도면 끝날 복음 제시는 거의 두 시간이나 걸렸다. 온 몸에 땀이 나도록 열성을 다해 복음을 전했지만 결신하지는 못했다.

이후 그 자매는 심한 요통으로 고생하는 시련을 겪다가 교회에 나오기 시작했다. 그녀는 새가족반을 통해 예수님을 구주로 영접했고, 제자훈련 과정을 거쳐 순장으로, 교구장으로 섬기는 축복을 받았다. 송탄으로 이사를 가서도 얼마나 열심히 전도를 하는지 전도한 사람들만으로도 한 교구를 이룰 정도가 되었다. 그녀는 지금도 열심히 불신자들에게 복음을 전하고 있다.

그녀가 처음 교회에 나올 때는 남편과 시댁, 친정 식구들의 핍박이 심했다. 하지만 이제는 거의 모든 가족이 그녀의 전도를 받아 예수님을 믿고 있다. 그녀는 처음 복음을 들은 자리에서 결신하지는 않았지만 그후 계속해서 복음이 생각났고 육신이 아픈 중에 주님을 찾게 되었다고 했다. 나는 그녀를 보면서 첫 열매의 귀중함과 전도의 중요성을 깨닫고 언제나 하나님께 감사하고 있다.

░ ▒ ░

"내가 복음을 부끄러워하지 아니하노니 이 복음은 모든 믿는 자에게 구원을 주시는 하나님의 능력이 됨이라 먼저는 유대인에게요 그리고 헬라인에게로다"(로마서 1:16).

그 외에도 많은 전도의 열매가 있다. 평택 대광교회는 70% 이상이 전도된 교인이다. 순장반에는 전도를 한 순장들과 전도를 받은 순장들이 함께 섞여 있다. 그들은 서로 거미줄처럼 연결되어서 더 뜨거운 사랑의 교제를 나눈다. 주님의 지상 명령인 전도는 교회가 존재하는 한 계속되어야 한다. 그리고 전도 사역을 성공적으로 이끌기 위해서는 제자훈련이 필요하다. 전도의 열매를 맺지 못하는 제제훈련은 실패한 것이라고 볼 수밖에 없다.

지금도 평택 대광교회에는 여러 가지 전도 프로그램이 있다. 해마다 드리는 신년예배는 전도와 선교헌금에 대한 계획을 세우는 것으로 시작한다. 상반기에는 순모임 중심의 전도 집회를 열고, 하반기에는 전 교인이 참여하는 대각성전도집회인 '행복 축제'를 12년째 열고 있다. 지금까지 600여 명이 전도폭발훈련을 수료했고, 현재 28기 훈련생 170여 명이 참석하고 있다.

전도특공대는 2인 1조로 구성된 팀으로, 주로 전도폭발 훈련을 받은 사람들로 구성되어 있다. 이들은 매주 한 번씩 교회에 모여 마음을 합하여 기도하고, 교회에서 자체 제작한 전도지를 들고 아파트 단지나 공원 등으로 나가 전도에 힘쓴다.

목사가 지나쳐 보일 정도로 전도를 강조하니 불평하는 소리도 가끔씩 들리지만, 우리가 살고 있는 평택 인구의 10분 1 이상을 전도 목표로 많은 성도가 오늘도 열심히 전도한다.

10
제자훈련으로 열매 맺는 교회

> 교회는 신뢰의 공동체이다.
>
> 위르겐 몰트만

사람들은 좋은 교회에 관심이 많다. 그렇다면 좋은 교회는 어떤 교회인가? 좋은 교회는 사람들이 만드는 교회가 아니다. 좋은 교회란 세상의 요구나 시대의 흐름에 영합하지 않고, 주님이 원하시는 본질에 충실하여서 주님이 주신 사명을 잘 감당하는 교회이다. 아무리 시대가 바뀌어도 교회의 본질은 바뀌지 않는다. 주께서 원하시는 대로 행하는 교회가 가장 좋은 교회이다.

교회는 그리스도의 몸이다. 이는 교회가 바로 예수님의 생명이라는 것을 뜻한다. 생명 되신 예수님은 교회를 통해 일하신다. 그리고 교회는 예수님이 주시는 영원한 생명을 세상에 전해야 한다.

성경에 나오는 첫 번째 교회는 초대 교회이지만 주께서는 그 전에 이미 열두 명의 제자들과 함께 교회를 이루셨다. 예수님은 먼저 사람을 부르셨다. 땅을 구입하거나 건물을 지으신 것이 아니라 제자들을 먼저 모으셨다. 예수님이 부르신 제자들은 천국의 비밀을 들고 방방곡곡에 복음을 전파했다.

오늘날 전 세계 인구의 3분의 1이 그리스도인들이다. 이 복음화의 장본인이 바로 예수님의 제자들이다. 정말 대단한 일을 한 것이다. 예수님은 사람들을 모아 제자 삼으셔서 그들이 복음으로 세상을 변화시키도록 훈련시키셨다. 제자들은 처음에는 호기심이나 개인적인 야망을 가지고 예수님을 따랐지만, 시간이 지나면서 진정한 예수님의 제자로 거듭나서 세상을 변화시키는 자들이 되었다.

"또 산에 오르사 자기가 원하는 자들을 부르시니 나아온지라 이에 열둘을 세우셨으니 이는 자기와 함께 있게 하시고 또 보내사 전도도 하며 귀신을 내쫓는 권능도 가지게 하려 하심이러라 이 열둘을 세우셨으니 시몬에게는 베드로란 이름을 더하셨고 또 세베대의 아들 야고보와 야고보의 형제 요한이니 이 둘에게는 보아너게 곧 우레의 아들이란 이름을 더하셨으며 또 안드레와 빌립과 바돌로매와 마태와 도마와 알패오의 아들 야고보와 및 다대오와 가나나인 시몬이며"(마가복음 3:13~18).

예수님의 제자들은 목숨을 걸고 전도했다. 베드로는 조상 대대로 어부였지만 예수님의 제자가 된 후에 담대한 지도자로 거듭났다. 그는 유대인들에게 복음 전도의 문을 열고, 사마리아 사람들에게까지 복음을 전파했다. 예루살렘과 유대와 사마리아 땅 끝까지 복음을 전하라는 주님의 명령에 순종한 것이다. 그는 로마에서 복음을 전하다가 십자가에 거꾸로 매달려 순교했다.

세베대의 아들 야고보는 주로 해안을 찾아다니며 어부들에게 복음을 전해서 "조가비"라는 별명을 얻었다. 그는 지중해 영역은 물론이고 스페인까지 가서 복음을 전했다. 그는 제자들 중 첫 번째 순교자이다.

"그 때에 헤롯 왕이 손을 들어 교회 중에서 몇 사람을 해하려 하여 요한의 형제 야고보를 칼로 죽이니"(사도행전 12:1, 2).

요한은 베드로와 함께 동역하다가 후에 밧모섬으로 귀양을 갔다. 그곳에서 풀려난 그는 에베소에서 죽을 때까지 복음을 전했다. 문서에 의하면, 그는 복음을 전하다가 잡혀서 독사굴에 갇히고 뜨거운 물에 던져지는 등 온갖 고초를 겪었다. 하지만 하나님은 아무도 그를 해치지 못하게 하셨다. 요한은 예수님의 제자들 중에 유일하게 순교하지 않은 제자이다.

안드레는 나사렛 북동쪽의 아름다운 갈릴리 해변의 벳새다 출신이다. 성경에 보이는 그의 모습은 평범하지만,

그는 형제 베드로보다 먼저 예수님을 만나서 그를 주께 인도하는 중요한 역할을 했다. 역사에 의하면, 그는 에베소에서 복음을 전하다가 러시아 남부 스키티아라는 지역에까지 가서 복음을 전했다. 그리스의 아가야 성에서 주지사의 부인과 동생에게 복음을 전하다가 주지사의 미움을 받아 X자 형의 십자가에 못 박혀 죽었다. 그가 십자가에 달려서 마지막으로 기도한 내용은 지금까지도 전해진다.

"오, 그리스도 예수님이여, 나를 받아 주소서. 내가 본 그분, 내가 사랑한 그분, 그분 안에서 나는 내가 되었습니다. 주님이시여, 당신의 영원한 나라의 평안 가운데 이제 나의 영혼을 받아 주옵소서."

빌립은 소아시아를 중심으로 복음을 전했다. 그는 라오디게아, 골로새, 갈라디아, 그리고 에티오피아에 가서 그 나라의 내시에게까지 복음을 전했다. 그는 터키의 히에라폴리스에서 복음을 전하다가 붙잡혀 몰매를 맞아 죽었다.

바돌로매는 갈릴리 가나 출신으로 납달리 지파의 후손이다. 그는 브릿지아와 인도에서 복음을 전했다. 그는 전도하다가 살갗이 벗겨진 채로 십자가에 달려 죽었고, 그의 시체는 자루에 담겨 바다에 던져졌다.

마태는 세리 출신으로 마태복음을 기록했다. 주로 유대 지역에서 전도한 그는 말년에 에티오피아에서 복음을 전하고 애굽을 거쳐 돌아오는 도중에 창에 찔려 죽었다.

도마는 처음에는 예수님의 부활을 의심했지만 훗날에는 복음을 전하다가 순교하기에 이른다. 그는 페르시아와 인도에서 복음을 전하다가 인도에서 원주민들의 창에 찔려 죽었다. 그는 "주님이시여, 저는 주님을 예배합니다"라고 외치며 생을 마감했다. 도마는 페르시아와 인도 사람들이 주님께 무릎을 꿇도록 자신의 생명을 바쳤다.

알패오의 아들 야고보는 작은 야고보라고도 불리는데 기도를 워낙 많이 해서 낙타 무릎이 되었다고 한다. 다른 제자들이 모두 떠들 때도 그는 혼자 구석에서 기도를 했다. 그는 시리아에서 전도하고 교회를 세웠다. 이후에 예루살렘으로 돌아와 복음을 전하다가 돌에 맞았지만 죽지 않자 핍박자들이 톱으로 잘라서 죽였다.

유다 다대오는 이름 없이 섬긴 제자이다. 역사적인 문서에 보면 그는 시리아, 아라비아, 페르시아에서 복음을 전했다. 특히 아르메니아의 에뎃사를 중심으로 복음을 전했다. 그의 헌신으로 아르메니아는 서기 301년경에 기독교화 되었다. 그는 바돌로매와 함께 동역했고, 시리아에서 복음을 전하다가 칼에 맞아 순교했다.

예수님이 목회하신 최초의 교회였던 제자들은 거의 다 복음을 전파하다 순교했다. 제자들은 천국 복음이 자신들의 생명과 맞바꾸어도 아깝지 않다고 여긴 것이다. 이와 마찬가지로 좋은 교회도 분명 전도의 열정으로 가득 찬 교회일 것이다.

II. 그리스도의 몸인 교회의 원리

성경에서 몸에 비유한 공동체는 가정과 교회이다. 교회는 그리스도의 몸이다. 몸에는 많은 지체가 있고 그 지체가 모여서 몸을 이룬다. 그런 의미에서 교회는 지체들의 모임이라고 할 수 있다. 그런데 지체는 성도 한 사람 한 사람이므로 성도들이 곧 교회라고 할 수 있다. 따라서 교회의 아픔이 성도들의 아픔이며, 교회의 기쁨이 성도들의 기쁨이 되어야 한다. 교회가 세상으로부터 비난을 받고 수치를 당할 때 성도들은 함께 아파해야 한다.

그러나 현실은 그렇지 못한 것 같다. 교회에 문제가 발생하면 불신자와 함께 교회를 향해 돌을 던지는 성도들이 있다. 이는 자기 자신의 몸을 향해 사정없이 돌을 던지는 것과 같다. 주께서는 교회와 성도의 관계를 포도나무와 그 가지로 설명하셨다. 가지는 포도나무를 떠나서 살 수 없다.

※ ※ ※

"나는 포도나무요 너희는 가지라 그가 내 안에, 내가 그 안에 거하면 사람이 열매를 많이 맺나니 나를 떠나서는 너희가 아무것도 할 수 없음이라"(요한복음 15:5).

성도들은 주님의 몸 된 교회를 사랑해야 한다. 교회를 사랑하는 것은 주님을 사랑하는 것이다. 교회를 그리스도의 몸이라고 비유하신 의미를 생각해 보라. 우리는 우리 몸과 몸을 구성하는 지체를 통해 몇 가지 원리를 깨달을 수 있다.

1
동역의 원리

> 성도의 교제인 교회를 떠나서는 영원한 생명과 축복을 얻을 수 없다.
>
> 칼 바르트

우리 몸속에 있는 모든 지체는 하나도 빠짐없이 존재의 이유를 가지고 있다. 모든 지체는 몸을 위해서 유기적으로 일한다. 어느 한 지체가 부진하거나 병들어 있으면 몸 전체가 기능을 발휘할 수 없다. 이와 마찬가지로 하나님은 성도들이 유기적으로 움직여서 하나님 나라의 동역자가 되기를 원하신다. 동역자는 헬라어로 "함께 일하는 사람"이라는 뜻을 가지고 있다.

내가 막 교회를 개척했을 때에는 교회에 숙련된 일꾼이 없었다. 새로 등록한 성도에게 교회 일을 맡겼지만 그와 동역하지는 못했다. 신앙의 배경과 성숙도가 다른 상황에서 동역한다는 것은 참으로 어려운 일이다. 이런 이유 때문에 그 당시에는 훈련받은 순장이 열두 명만 되어도 소원이 없겠다고 생각했다. 당시에 같은 지역에서 성도가 200명 정도 모이는 중견 교회를 담임하는 목회자에게 이런 질문을 한 적이 있다. "마음 놓고 일을 맡길 수 있는 동역자가 몇 명이나 되십니까?" 그는 한참을 생각하더니 한 명이라고 대답했다. 200명 중에서 그 한 명은 아마 사모가 아닐까?

몸속에 있는 지체가 서로 동역하듯이 우리도 하나님 나라의 일을 위해 동역자가 되어야 한다. 사도 바울은 동역자들에 대한 특별한 애정과 감사와 격려를 로마서 16장을 비롯해 그의 서신 여러 곳에서 다음과 같이 기록하고 있다.

"너희는 그리스도 예수 안에서 나의 동역자들인 브리스가와 아굴라에게 문안하라"(로마서 16:3).

"그리스도 안에서 우리의 동역자인 우르바노와 나의 사랑하는 스다구에게 문안하라"(로마서 16:9).

"디도로 말하면 나의 동료요 너희를 위한 나의 동역자요 우리 형제들로 말하면 여러 교회의 사자들이요 그리스도의 영광이니라"(고린도후서 8:23).

"또 참으로 나와 멍에를 같이한 네게 구하노니 복음에 나와 함께 힘쓰던 저 여인들을 돕고 또한 글레멘드와 그 외에 나의 동역자들을 도우라 그 이름들이 생명책에 있느니라"(빌립보서 4:3).

"그리스도 예수를 위하여 갇힌 자 된 바울과 및 형제 디모데는 우리의 사랑을 받는 자요 동역자인 빌레몬과"(빌레몬서 1:1).

바울은 평신도 동역자들과 함께 풍성한 사역의 열매를

맺었다. 바울의 서신서에는 자신의 사역을 위해 기도해 줄 것을 부탁하는 바울의 모습이 자주 보인다. 하나님 나라의 사역은 동역자들의 도움을 받아야 이루어질 수 있다.

하나님 나라에서 동역자들은 그 수고를 높이 평가받고 하나님의 인정을 받는다. 상급도 마련되어 있다. 평택 대광교회에도 훌륭한 동역자가 많다. 전도에 열정적인 순장, 365일 내내 새벽기도회에 빠지지 않고 기도하는 순장, 순원들의 영적 성장과 성숙을 위해 눈물로 헌신하는 순장이 많이 있다.

한 여자 순장은 43세가 되어서 아이를 가졌다. 출산을 앞둔 그녀는 병원에 입원했다. 노산이어서 모두들 조심스럽게 순산을 기도했다. 그런데 병원에 입원한 다음 날 새벽기도회에 그녀가 나와 있는 것이 아닌가. 내가 놀라서 아직 아기를 낳지 않았느냐고 묻자, 그녀는 웃으면서 어제 아기를 낳았다고 대답했다. 출산을 한 바로 다음날 새벽기도회에 나온 것이다. 목사인 나도 사정이 생기면 새벽기도회에 못나갈 때가 있다. 하지만 그녀는 365일 한

결같이 교회에 나와서 교회를 위해서 기도한다. 행복한 목회는 이런 평신도 동역자들이 있기에 가능하다.

또 한 사람 빼놓을 수 없는 동역자가 있다. 바로 목사의 아내이다. 내 아내는 본래 남 앞에 나서기를 좋아하는 성격이 아니다. 내가 시작한 제자훈련의 1기 훈련생이었던 아내는 지금은 나와 함께 제자훈련 지도자로 동역하고 있다. 여자반 제자훈련은 거의 아내가 맡고 제자훈련의 후반부나 사역훈련은 내가 이어받아서 마무리를 한다. 남자반은 다 내가 담당한다. 전도폭발훈련도 아내가 1기 훈련생으로 훈련을 받았다. 이후 아내는 지도자 임상훈련을 받고 전도폭발훈련을 총괄하면서 4기부터 현재 28기까지 전도폭발훈련의 지도자로 섬기고 있다. 지금도 아내는 평신도 교사들과 함께 단계별 훈련을 실시하고 있다.

아내는 사역 현장에서 가장 적극적인 도움을 주는 동역자이다. 아내와 함께하는 사역은 또 다른 시너지 효과를 낸다. 아내는 지금도 매주일 오후 전도폭발 수업이 끝나면 여전도사와 함께 전도를 나간다. 아무리 피곤하고 몸이 불편해도 전도 사역에 모범을 보이려는 모습을 볼 때면 가슴이 뭉클해진다. 아내는 교회를 개척할 때부터 지금까지 많은 어려움을 나와 함께했다. 목사에게 아내만한 동역자가 세상에 어디 있겠는가.

"아내를 얻는 자는 복을 얻고 여호와께 은총을 받는 자니라"(잠언 18:22).

시편 기자와 사도 바울은 동역자에 대해 다음과 같이 기록했다. 동역자와 함께 사역하는 것이 얼마나 선한 영향을 미치는지 잘 알고 있었기 때문일 것이다.

"보라 형제가 연합하여 동거함이 어찌 그리 선하고 아름다운고"(시편 133:1).

"우리는 하나님의 동역자들이요 너희는 하나님의 밭이요 하나님의 집이니라"(고린도전서 3:9).

2
섬김의 원리

> 교회는 하나님이 세우신 것으로, 하나님의 말씀에 의하여 믿음과 순종을 유지하는 죄인의 공동체이다.
>
> 칼 바르트

얼마 전 기독교 인터넷 사이트 '갓피플'에서 교회에서 봉사활동을 하는 네티즌을 대상으로 설문조사를 실시했다. 봉사활동을 그만두고 싶을 때가 언제냐는 물음에 봉사자의 23.1%는 교역자가 잔소리를 할 때라고 대답했다. 그리고 10.1%가 같이 일하는 사람에게 상처를 받을 때 봉사를 하기 싫다고 했다. 한편, 이들 중 21.2%는 대가나 공치사를 기대하는 것으로 나타났다.

영적으로 성숙한 자는 섬김의 자세가 다르다. 영적으로 성숙해지면 섬김을 받으려는 자세가 섬기는 자세로 바뀐다. 하나님이 만드신 모든 만물은 섬김 속에서 아름다움과 건강을 회복한다. 이 땅의 모든 피조물은 다른 피조물을 섬기기 위해서 존재한다. 우리가 밥을 먹을 때는 우리 몸 안의 많은 지체가 한꺼번에 움직인다. 손과 혀, 이, 그리고 식도와 위장 등 모든 장기가 제 기능을 해 주어야 음식물을 섭취할 수 있다. 이처럼 건강한 가정과 교회는 섬김의 도를 깨우친 자들로부터 시작된다. 주께서는 이미 제자들에게 섬김의 도에 대해 모범을 보이셨다. 예수께서 이 땅에 오신 목적이 바로 허물 많은 우리를 섬기러 오신 것이기 때문이다. 하나님 나라의 최고는 섬기는 자이다.

"너희 중에는 그렇지 않아야 하나니 너희 중에 누구든지 크고자 하는 자는 너희를 섬기는 자가 되고 너희 중에 누구든지 으뜸이 되고자 하는 자는 너희의 종이 되어야 하리라 인자가 온 것은 섬김을 받으려 함이 아니라 도리어 섬기려 하고 자기 목숨을 많은 사람의 대속물로 주려 함이니라"(마태복음 20:26~28).

사람은 섬김과 인정을 받고 싶어 하는 본성을 가지고 있다. 그러나 성도들은 섬기기를 더 좋아해야 한다. 교회의 모든 직분은 명예나 벼슬이 아니라 섬기기 위한 직분이다.

집사(diakonos; 디아코노스)는 "식탁이나 다른 천한 일에 시중드는 사람"이라는 뜻을 가지고 있고, 장로(presbyter; 프레스비테르)는 "앞서 행하는 사람, 솔선수범하는 사람"이란 의미를 가지고 있다. 목사(Minister; 미니스터)는 "섬기는 자"라는 뜻이다. 직분은 하나님과 세상 사람들을 섬기라고 하나님이 주신 것이다. 자신의 위치를 나타내고 인정받기 위한 도구가 아니다.

섬김의 기본은 알지만 인정받기를 원하는 마음을 조절하지 못해서 시험에 드는 사람들을 자주 본다. 그래서 주께서 이런 말씀을 하셨다.

※ ※ ※

"이와 같이 너희도 명령 받은 것을 다 행한 후에 이르기를 우리는 무익한 종이라 우리가 하여야 할 일을 한 것뿐이라 할지니라"(누가복음 17:10).

집에서 교회까지 한 시간 이상 차를 타고 출석하는 자매가 있다. 김을 팔아서 생계를 꾸려가는 그녀는 피곤한 몸을 이끌고 예배당과 화장실 청소, 중보 기도, 화분 관리 등 여러 봉사를 한다. 아무도 알아주지 않지만 섬김의 진리를 알고 그대로 실천하는 것이다.

평택 대광교회의 모든 부서는 '섬김이'와 '섬김장'으로 구성된다. 섬김이는 팀원이고 섬김장은 팀장이다. 이렇게 호칭을 바꾼 것은 성도들의 의식을 전환하기 위해서이다. 교역자들을 제외하면 유급 직원은 단 한 명도 없다. 대부분의 섬김이들은 시간과 재능뿐 아니라 물질까지 드려서 섬기는 일을 충실히 한다. 지금까지 교회는 주일학교 교사 강습회를 금전적으로 지원한 일이 한 번도 없다. 하지만 교사들은 불평 없이 자기에게 주어진 일을 섬긴다. 23년 동안 주일 예배 후에 교인들이 함께 먹는 점심은 순모임이 돌아가면서 섬기고 있다.

각 부서에 섬김이들을 임명하면 그들은 자체적으로 물질을 내어 섬기는데, 이런 모습은 이제 당연한 것이 되었다. 진정한 섬김은 물질까지 드리는 것이다. 각 부서로 돌아가야 할 재정은 복음을 위해, 또는 기독교 학교 설립 등 차세대를 준비하는 일에 효율적으로 사용되고 있다. 섬김이들이 유급 직원들보다 더 큰 기쁨과 감사로 섬기는 이유는 그들에게 복음에 대한 감격이 살아 있고, 세상에서의 보수와는 비교할 수 없는 하늘나라에서의 상급을 확신하기 때문일 것이다.

3
하나 됨의 원리

> 교회는 그리스도를 적극적으로 증거하는 활동적인 교회가 되어야 한다.
>
> 모리스

지체는 주어진 목적을 위해 하나가 되어서 같은 비전을 향해 나아가야 한다. 몸이 어떤 일을 하기 위해서는 지체들이 하나가 되어야 한다. 예를 들어 오른쪽 눈과 왼쪽 눈이 서로 다른 곳을 볼 수 없다. 몸속에서 머리의 지시를 받지 않는 유일한 세포는 암세포이다. 암세포는 다른 세포가 죽어가든 기능을 하지 못하든 상관하지 않고 자신의 영역만을 늘려간다. 자신의 욕심만 채우는 것이다. 결국 암세포는 다른 지체를 파괴하고 나아가서 생명까지 위협한다. 반면에 모든 건강한 지체는 머리의 지시대로 움직인다. 교회의 머리 되신 주님의 지시에 따라 움직이는 성도가 건강한 성도이다. 건강한 성도가 많은 교회는 주님이 맡기신 사명을 위해서 하나가 된다.

요한복음 17장에는 주께서 십자가에 돌아가시기 전에 성도들을 위해 간절히 기도하신 내용이 기록되어 있다. 기도 내용 중에 가장 중요한 것 두 가지는 성도들이 거룩해지고 하나님 안에서 하나가 되게 해 달라는 것이었다. 예수님이 이런 기도를 하신 이유는 두 사람만 모여도 갈등하는 인간의 나약함을 너무도 잘 아셨기 때문일 것이다.

"아버지여, 아버지께서 내 안에, 내가 아버지 안에 있는 것 같이 그들도 다 하나가 되어 우리 안에 있게 하사 세상으로 아버지께서 나를 보내신 것을 믿게 하옵소서"(요한복음 17:21).

성도가 하나 되지 못하면 교회는 복음을 전할 수 없다.

성도가 하나 되지 못하면 교회는 존재 이유를 상실하고 표류할 수밖에 없다. 그래서 주님은 하나 될 것을 거듭 권면하신 것이다.

봉사도 잘하고 기도 생활도 열심히 하던 성도가 막상 직분자가 되면 자기주장을 내세우고 다른 직분자나 목사의 샅바를 잡고 씨름하는 경우를 많이 볼 수 있다. 이런 일은 그들이 주 안에서 다른 성도들과 하나가 되지 못했기 때문에 생기는 것이다. 하나님이 교회에 주신 비전을 이루기 위해서는 담임목사와 성도가 하나 되어 동역해야 한다. 그리고 평신도 지도자인 순장들끼리도 하나가 되어야 한다.

주 안에서 하나 되지 않는 모임이나 회의처럼 불안한 모임도 없다. 이런 모임은 그 자리에 참석하는 사람들에게도 영향을 미친다. 일례로, 영적으로 미성숙한 자들이 정상적인 신앙 생활을 하는 사람들을 방해하는 경우가 많다.

그리스도 안에서 하나 되지 못하면 인간적인 생각을 앞

세우고 자신의 입지를 견고히 세우는 일에 집중하게 된다. 이런 모습은 주께서도 외면하신다. 어느 교회에서는 모임이나 회의를 시작하기 전에 꼭 주님의 뜻 아래서 하나가 되게 해 달라는 제목을 놓고 30분 이상 기도한다고 한다. 참으로 좋은 방법이다. 하나님 나라의 일을 위한 모임에 말씀 묵상과 기도로 준비하고 참석한다면 분명히 좋은 결과가 나올 것이다.

나는 제자훈련을 하면서 항상 강조하는 것이 있다. 어느 교회를 가도 잘 적응하고 잘 섬기라는 것이다. 제자훈련을 받은 자들 중에는 간혹 제자훈련을 실시하지 않는 교회나 제자훈련을 받지 못한 교우를 업신여기고 자기주장만 고집하는 경우가 있다. 하지만 이런 모습은 주께서 원하시는 제자훈련의 결과가 아니다. 가장 강력한 팀워크는 모든 팀원이 하나가 되는 것이다. 개인의 재능이 아무리 탁월해도 동역자들과 단결하지 못하면 그 사람은 오히려 팀워크를 깨는 장애물이 된다. 주님은 오늘도 우리가 하나 되기를 간절히 기도하실 것이다.

"나는 세상에 더 있지 아니하오나 그들은 세상에 있사옵고 나는 아버지께로 가옵나니 거룩하신 아버지여 내게 주신 아버지의 이름으로 그들을 보전하사 우리와 같이 그들도 하나가 되게 하옵소서"(요한복음 17:11).

4
사랑의 원리

> 초대 교회의 희생 정신을 가지지 못한다면 교회는 권위를 잃어버릴 것이다.
>
> 마틴 루터 킹

모든 지체는 다른 지체를 사랑해야 한다. 눈은 코를 사랑하고 오른손은 왼손을 사랑해야 한다. 그것이 지체의 사랑이다. 자기 손으로 자기 코를 뜯어내는 사람은 없다. 자기 발을 직접 도끼로 내려찍는 사람도 없다. 밥 먹다가 혀를 깨물었다는 이유로 이를 뽑는 사람은 없다. 하나님의 지체는 무조건 서로 사랑해야 한다. 이것이 지체의 원리이다.

남편과 아내도 마찬가지이다. 아내에게 폭력을 사용하는 남편은 자신의 몸에 폭력을 쓰는 어리석은 사람이다. 사람이 모이는 장소에는 잘난 체 하는 사람이 있기 마련이지만, 사랑이 충만한 사람들이 모인 곳에서는 그런 모습을 찾아볼 수 없다. 지체끼리는 서로 경쟁하거나 잘난 체 하지 않고, 오직 서로 사랑하며 머리의 지시에 순종하는 사역을 해야 한다. 교회는 진정으로 섬기고 사랑하는 공동체가 되어야 한다.

5
질서의 원리

> 교회의 존재 이유는 세상을 구원하기 위함이며 오늘날 세상에서 가장 필요한 것은 생명력 있는 교회이다.
>
> 제임스 맥케이

지체는 철저하게 질서를 지켜야 한다. 질서 속에 있을 때 모든 것이 건강하다. 밥을 먹을 때 음식물이 입을 통하지 않고 바로 위장으로 갈 수는 없다. 성도들은 교회의 질서에 철저하게 순종해야 만사가 형통하다. 하나님이 지으신 만물은 질서에 순응할 때 온전한 모습으로 아름다움을 드러낼 수 있다. 사람들도 마찬가지이다.

여행 가이드들이 데리고 다니기 가장 힘든 사람이 한

국 사람이라고 한다. 사공이 너무 많아서 이러쿵저러쿵 말이 많기 때문이다. 반면에 일본 사람은 리더의 인도에 따라 일사불란하게 움직인다고 한다. 좋은 교회는 영적인 질서가 잡혀 있어서 지도자에게 순종하고 각자 자신이 해야 할 일에 최선을 다한다. 지도자를 존경하는 것과 교회를 보호하는 것을 분리하여 생각할 수 없다. 지도자들도 기도와 격려, 감사와 사랑으로 성도들을 섬기고 돌봐야 한다.

▩ ▩ ▩

"너희를 인도하는 자들에게 순종하고 복종하라 그들은 너희 영혼을 위하여 경성하기를 자신들이 청산할 자인 것 같이 하느니라 그들로 하여금 즐거움으로 이것을 하게 하고 근심으로 하게 하지 말라 그렇지 않으면 너희에게 유익이 없느니라"(히브리서 13:17).

자신에게 주어진 일에 최선을 다하는 것이 질서를 지키는 것이다. 쓸데없이 다른 지체의 일에 간섭하지 않고 자신의 일에 매진해야 질서가 유지된다. 교회 안에서 성도들을 가장 힘들게 하는 사람은 자신에게 맡겨진 일은 하지 않고 다른 지체의 일에 참견하는 사람이다.

"내게 주신 은혜로 말미암아 너희 각 사람에게 말하노니 마땅히 생각할 그 이상의 생각을 품지 말고 오직 하나님께서 각 사람에게 나누어 주신 믿음의 분량대로 지혜롭게 생각하라"(로마서 12:3).

하나님은 질서의 하나님이시다. 그러므로 성도들도 하나님의 뜻에 순종해야 한다. 질서를 지키면서 사역에 임해야 한다. 질서 속에는 창조적인 힘이 있다. 하나님의 말씀 앞에 순종할 때 엄청난 파워를 가진 사람이 될 수 있다.

6
공급의 원리

> 교회는 단순한 공동체가 아닌 성도들의 모임으로, '그리스도 안에서 하나 됨'을 의미한다.
>
> 토머스 머튼

우리 몸은 필수영양소를 꾸준히 공급받아야 건강을 유지할 수 있다. 비타민과 미네랄, 단백질, 지방 등 어느 한 영양소가 과잉이거나 결핍되면 다른 영양소와 상관없이 건강을 잃게 된다. 말씀을 묵상하고 기도하는 생활도 마찬가지이다. 제자훈련을 마친 후에라도 묵상과 기도 생활을 게을리 하면 영적인 체력을 유지할 수 없다. 목회자는 말할 것도 없고 순장이나 직분자는 기본에 더 충실해야 한다. 영적 영양소의 균형이 깨지면 쉽게 시험에 든다. 매일같이 성경 말씀과 기도를 통해 영양소를 공급받지 않고서는 하나님의 은혜를 다른 교우에게 나누어 줄 수 없다. 그러므로 먼저 목회자를 비롯한 직분자와 순장 등 리더들은 말씀의 은혜를 받아야 한다.

뿌리 깊은 나무가 태풍 앞에서 끄떡없듯이 기본이 튼튼하면 위기가 닥쳐와도 흔들리지 않는다. 기본에 충실하자. 말씀을 보고 기도하고 전도하자. 그래야 기쁨으로 섬길 수 있고 오랫동안 쓰임받을 수 있다. 이 세상의 모든 문제는 기본에 충실하지 못해서 발생하는 것이다. 모든 그리스도인은 영적 필수영양소인 성경 말씀과 기도와 전도를 주님 앞에 갈 때까지 매일매일 섭취해야 한다.

7
순결의 원리

> 교회는 그리스도의 몸이므로 한 지체라도 범죄함이 있거든 결단력 있게 제거해야 한다.
>
> 윌리엄 바클레이

교회는 순결성을 잃으면 모든 것을 다 잃게 된다. 하나님은 교회가 세속화되고 오염되는 것을 싫어하셨다. 성령을 속인 아나니아와 삽비라가 죽임을 당한 것은 교회가 거룩하기를 원하시는 하나님의 강한 의지가 나타나는 사건이다(사도행전 5:1~11). 거룩함이 훼손되면 교회가 교회로서의 역할을 감당할 수 없게 된다. 개혁자들이 주장하는 교회론의 세 가지 본질 중 하나가 바로 이 거룩성(holiness)

이다. 예수님은 십자가에 달려 돌아가시기 전에 교회와 성도들이 거룩해지기를 기도하셨다.

"나는 세상에 더 있지 아니하오나 그들은 세상에 있사옵고 나는 아버지께로 가옵나니 거룩하신 아버지여 내게 주신 아버지의 이름으로 그들을 보전하사 우리와 같이 그들도 하나가 되게 하옵소서"(요한복음 17:11).

"그들을 진리로 거룩하게 하옵소서 아버지의 말씀은 진리니이다"(요한복음 17:17).

현대 사회의 망국적 현상 중 하나가 결과만을 중시하는 것이다. 과정과 결과를 모두 중요시하는 주님은 깨끗한 열매를 원하신다. 교회와 성도는 거룩함을 추구할 때에야 건강해질 수 있다. 적당주의는 사람을 속일 수는 있지만 교회의 머리 되신 주님 앞에서는 그 힘을 잃는다. 욥은 자녀들이 잔치 후에 마음으로라도 범죄 하지 않았을까 하는 염려 때문에 자녀의 수대로 번제를 드렸다. 몸과 마음이 깨끗해야 함을 자녀들에게 끊임없이 강조한 욥의 모습은 바로 주님의 심정과 같다고 할 수 있다. 주님은 더 많은 열매를 원하신다. 거룩함을 위해 노력하는 교회를 통해서 말이다.

"내가 참포도나무요 내 아버지는 농부라 무릇 내게 붙어 있어 열매를 맺지 아니하는 가지는 아버지께서 그것을 제거해 버리시고 무릇 열매를 맺는 가지는 더 열매를 맺게 하려 하여 그것을 깨끗하게 하시느니라"(요한복음 15:1, 2).

8
순종의
원리

> 21세기 교회의 핵심 이슈는 교회의 성장이 아닌 교회의 건강이다.
>
> 릭 워렌

교회는 머리 되신 주님의 뜻을 받들어 섬겨야 한다. 순종이란 90%의 순종을 의미하는 것이 아니다. 온전히 100% 순종해야 그것을 순종이라고 말할 수 있다. 오늘날 한국 교회가 세상 사람들로부터 인정받지 못하는 이유는 하나님께 불순종하고 하나님이 주신 말씀 안에서의 자유를 육체의 기회로 삼았기 때문이다. 하나님께 온전히 순종하는 것이 얼마나 성대한 결과를 가져오는지 안다면 기쁘게 순종할 수 있을 것이다.

※ ※ ※

"네가 네 하나님 여호와의 말씀을 삼가 듣고 내가 오늘 네게 명령하는 그의 모든 명령을 지켜 행하면 네 하나님 여호와께서 너를 세계 모든 민족 위에 뛰어나게 하실 것이라"(신명기 28:1).

하나님의 명령에 온전히 순종하면 세계 모든 민족 위에 뛰어나게 하시겠다는 하나님의 말씀은 오늘날에도 유효하다. 하나님의 말씀과 세상적인 요구 사이에 양다리를 걸치고 편의에 따라 입장을 바꾸는 식의 신앙 생활은 비참한 결과를 낳을 뿐이다. 하나님 앞에서 적당주의는 통하지 않는다.

솔로몬이 성전 건축을 마친 후 가진 낙성식은 참으로 성대한 축제였다. 솔로몬이 하나님께 귀하디 귀한 제물로 제사를 드리고 모든 백성 앞에서 하나님께 기도하는 모습은 참으로 감동적이다. 하나님은 솔로몬의 기도를 들으시고 세밀하게 응답하시며 축복을 약속하셨다. 그러나 하나님이 하시는 말씀 가운데 유난히 가슴을 치는 말씀이 있다. 이 말씀은 오늘날의 목회자들과 성도들이 마음에 깊이 새겨야 할 것이다.

※ ※ ※

"그러나 너희가 만일 돌아서서 내가 너희 앞에 둔 내 율례와 명령을 버리고 가서 다른 신들을 섬겨 그들을 경배하면 내가 너희에게 준 땅에서 그 뿌리를 뽑아내고 내 이름을 위하여 거룩하게 한 이 성전을 내 앞에서 버려 모든 민족 중에 속담거리와 이야깃거리가 되게 하리니"(역대하 7:19, 20).

솔로몬은 어느 틈엔가 초심을 잃어버렸다. 하나님의 명령을 어기고 이방 여인들이 가지고 들어온 이방신의 잔재를 묵인했다. 솔로몬이 하나님을 향한 처음 사랑을 버리자 솔로몬의 성전은 무참하게 파괴되었다. 하나님의 은혜를 지속적으로 받으려면 하나님을 향한 처음 사랑을 끝까지 유지하고 말씀 앞에 철저하게 순종해야 한다. 우리도 예수님을 처음 만난 날의 감격을 잊지 말아야 할 것이다.

주님의 몸 된 교회라고 해서 안위와 영광을 영원히 보장받는 것은 아니다. 처음 사랑을 버리고 마음이 굳어져서 불순종하기 시작하면 교회로서의 기능은 상실된다. 에베소교회를 향한 주님의 엄한 책망도 바로 이것 때문이었다. 신앙 생활을 한 지 오래된 성도들이 많은 교회일수록 처음 사랑과 초심을 잃어버리기 쉽다. 감격과 기쁨에 무뎌지는 경우도 많다. 이는 "이미 내가 다 알고 있다"는 식으로 신앙 생활을 하기 때문이다.

한결같이 처음 자세로 말씀에 순종한다면 은혜 또한 한결같이 내려질 것이다. 우리 삶에 개입하시는 하나님은 우리가 더욱 겸손하게 무릎을 꿇고 주님을 찬양하게 하신다. 그러면 우리는 언제나 은혜 속에 거하게 될 것이다.

"그러나 너를 책망할 것이 있나니 너의 처음 사랑을 버렸느니라 그러므로 어디서 떨어졌는지를 생각하고 회개하여 처음 행위를 가지라 만일 그리하지 아니하고 회개하지 아니하면 내가 네게 가서 네 촛대를 그 자리에서 옮기리라"(요한계시록 2:4, 5).

하나님의 말씀에 순종하지 못하면 결국 교회가 교회답지 못하게 되고 성도가 성도답지 못하게 된다. 주님의 음성에 귀를 막고 사람들의 결정에만 귀를 기울이는 방식으로 나아간다면, 하나님의 교회는 그 기능을 상실하고 말 것이다. "외식하는 자"라고 엄한 책망을 받았던 바리새인과 서기관처럼 취급받을 수밖에 없을 것이다. 우리 조국의 모든 교회가 하나님께 드리는 온전한 순종과 하나님을 향한 뜨거운 사랑으로 넘쳐나기를 소원한다.

9
해산의
원리

> 교회가 사도적, 선지자적 성격을 회복할 때 이웃과 민족을 변화시키고 그들을 제자로 삼는 하나님의 도구가 될 수 있다.
>
> 볼프강 짐존

생명을 가진 모든 생명체는 번식한다. 특히 사람의 몸을 통해 이루어지는 생명의 탄생은 참으로 오묘하고 신비롭다. 사람은 어미의 뱃속에 잉태되어서 10개월 동안 어미가 주는 영양분과 사랑을 받아먹다가 세상에 나온다.

주께서 교회를 그리스도의 몸이라고 부르신 이유 중 하나는 교회가 해산의 역할을 가지고 있기 때문이다. 사람과 마찬가지로 교회도 한 영혼 한 영혼을 주님의 자녀로 거듭나게 하는 해산의 수고를 한다.

전 세계적으로 출산율이 많이 떨어졌다. 최근 통계청 발표에 의하면 우리나라의 출산율은 1.19명으로 미국의 2.01명, 일본의 1.29명보다 낮은 수치를 보이고 있다. 출산율이 이처럼 낮은 이유는 출산과 육아의 부담을 꺼려하는 여성들이 많아졌기 때문이다. 하지만 해산은 혈통을 이어 주는 성스러운 행위이다.

아기를 낳기 위해서 산모는 말로는 표현할 수 없는 극심한 고통을 겪는다. 내 아내는 임신 당시 물만 마셔도 뱃속에 있는 것을 모두 게워냈다. 거의 매일 이같은 일이 반복되었고, 큰 아들은 30시간이나 진통한 끝에 세상의 빛을 보았다. 과거에는 의술이 발달하지 못했고, 모든 사람이 의료 혜택을 받을 수 있는 상황도 아니어서 아기를 낳다가 죽는 사람도 많았다. 하지만 시대와 형편을 불문하고 생명은 계속해서 탄생되었다. 산모가 자신을 희생했기 때문이다. 해산의 고통이 얼마나 심한지, 해산을 앞둔 여인의 두려움을 시편 48편 6절에서는 이렇게 표현하고 있다.

"거기서 떨림이 그들을 사로잡으니 고통이 해산하는 여인의 고통 같도다"(시편 48:6).

해산의 수고를 통해 출산을 하게 되면 그때부터 어머니는 자녀를 위해 생명을 건다. 게으르던 여인도 아기를 낳으면 밤낮을 가리지 않고 아기의 시중을 든다. 아기가 조금만 울어도 밤새 그 옆을 지키는 사람은 바로 어머니이다. 이와 같은 수고는 영혼 구원을 위해서 해산의 수고를 치르는 자들에게도 해당된다. 많은 영적 산모가 자신을 희생하며 복음으로 자식을 낳는다. 이 수고가 많을수록 교회는 영혼 사랑을 위해 끈끈한 정으로 뭉친 공동체가 될 것이다.

한 영혼을 잉태하여 오랜 시간 기도하고 해산할 때의 기쁨은 그 무엇과도 바꿀 수 없다. 출산은 하나님의 뜻이다. 하나님은 자녀의 출산을 제한하신 적이 없다. 영적인 출산에 대한 욕심은 거룩한 욕심이다. 거룩한 욕심으로 태어난 믿음의 자녀들을 통해서 이 땅에 죄악이 사라지고 하나님의 뜻이 이루어지는 아름다운 세상을 기대할 수 있다.

영적 출생률을 끌어올려야 한다. 영적 출생률이 낮은 유럽에서는 많은 교회가 문을 닫거나 노인 몇 명만이 예배를 드리고 있다. 아이 우는 소리가 교회 담장을 넘고 아이들 떠드는 소리가 들리는 것은 그 교회의 부흥을 간접적으로 말해 준다.

해산의 결과는 즐거움이요 기쁨이다. 자녀를 낳은 여자는 해산의 기쁨이 너무나 커서 그 고통을 다시는 기억하지 않는다.

"여자가 해산하게 되면 그 때가 이르렀으므로 근심하나 아기를 낳으면 세상에 사람 난 기쁨으로 말미암아 그 고통을 다시 기억하지 아니하느니라"(요한복음 16:21).

해산에 대한 열망을 가졌던 믿음의 사람들 때문에 오늘

날 우리가 복음의 혜택을 누리며 살고 있다. 건강한 교회와 건강한 성도는 해산의 수고를 두려워하지 않는다.

III. 예수님이 가르쳐 주신 사역

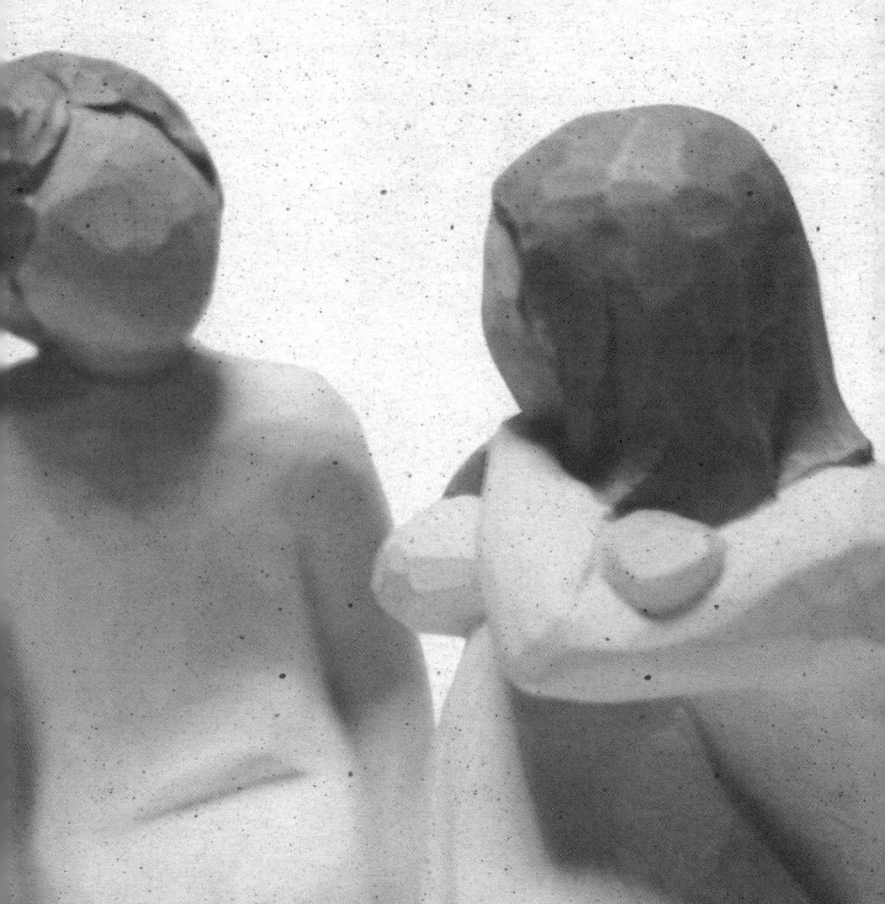

예수님의 사역은 모든 교회와 성도들이 따라야 할 사역의 모델이 된다. 예수님의 삶은 그 자체가 복음 전도였다고 할 수 있다. 한 마디 말씀, 걸음 한 걸음, 어느 것 하나 영혼을 구원하는 일과 상관없는 것이 없었다. 예수님은 이 세상의 가치관이나 당위에 타협하지 않으셨다.

예수님의 공생애는 세상에 나아가 말씀을 전파할 제자들을 가르치시고, 직접 말씀을 전파하시고, 육신과 영혼이 병든 사람들을 치료하시는 일로 가득 채워졌다. 그러나 인간 육신의 나약함을 그대로 입고 오신 예수님은 기도와 휴식을 재충전의 기회로 삼으셨다. 예수께서 3년 동안 어떤 사역을 하셨는지 살펴보자.

1
우선순위 중심의 사역

> 하나님이 교회를 세우시면 마귀가 그 옆에 집을 짓는 것이 보통이다.
>
> 토머스 비콘

볼록렌즈로 태양열을 모으면 불을 만들 수 있다. 이와 마찬가지로 우리도 주님이 우리에게 맡기신 사역에 집중하면 성령의 역사를 체험할 수 있다. 이일 저일 계획성 없이 늘 어놓기만 하면 성령의 역사는 이뤄지지 않는다. 하나님 나라의 사역은 늘 우선순위로 모든 일의 중심에 있어야 한다.

예수님은 하나님이 맡기신 사역에 집중하셨다. 가장 본질적이고 중요한 사역에 집중하신 것이다. 예수님의 사역은 영혼을 구원하는 것이었다. 오늘날 교회는 하나님보다 사람이나 행사 중심의 사역을 펼치는 경우가 많다. 무의미한 일로 시간을 허비하는 것이다.

교회의 모든 사역은 영혼 구원에 집중되어야 한다. 이웃 교회의 목회자는 연말에 제직회를 끝내고 나면 며칠씩 앓아눕는다고 한다. 교회 예산 문제로 각 부서와 조율하느라 골머리를 앓고 갈등하다 보면 에너지가 모두 소진된다는 것이다. 이렇게 비본질적인 일에 에너지를 소비하는 것은 성도들이 하나 되는 일을 방해하고 알게 모르게 복음 전파에 악영향을 끼친다.

평택 대광교회가 개척 당시부터 시행한 제도가 있다. 수입 예산을 책정하지 않고 지출 예산만 세우는 것이다. 이렇게 하다 보니 수입원을 만들기 위해 머리를 짜낼 필요가 없다. 하나님께 지출 예산만 올리면 하나님이 알아서 결제해 주신다. 하나님이 기뻐하시고 원하시는 일에 대한 결제에는 인색함이 없다. 우리는 때와 철에 따라 필요한 것을 공급하시는 하나님을 의심하지 않았고, 하나님은 그대로 채워 주셨다.

우리 교회는 처음 예배당을 건축할 때 교인이 40명 정도밖에 되지 않았지만 이렇게 기도하기를 망설이지 않았다. "하나님, 부자를 보내지 마시고, 주님을 사랑하는 자를 보내 주십시오." 이 기도 덕분인지 교회 건축이 끝날 때까지 부자는 한 명도 등록하지 않았다. 조그마한 예배당을 짓는데 3년 6개월이라는 긴 시간이 걸리기는 했지만 무사히 건축을 마쳤다. 건축허가서를 받아드는 날은 감사의 눈물이 흘러 내렸다.

지금의 예배당은 미리 계획하고 준비해서 지은 것이 아니었다. 성도들이 점점 많아져서 예배를 늘렸지만 예배당은 여전히 비좁았고, 동네 사람들은 주차 문제로 불평을 호소했다. 이에 더 이상 버틸 수 없게 된 교회는 예배당 부지를 구입하고 공사를 시작했다. 1,400평에 가까운 건물을 짓기 위해서는 많은 재정이 필요했다.

하지만 교회 건축에 대한 계획이 없었기 때문에 계약금도 마련되어 있지 않았다. 공사 계약금은 공사비의 10%

로 하는 것이 일반적이지만 우리는 그 돈조차 없어서 5%에 계약을 했다. 공사를 맡은 이랜드개발은 건축회사로서는 처음 있는 일이라고 했다. 건축회사 본부장은 평택 대광교회의 비전과 담임목사의 인격을 믿고 계약을 해 준다고 말했다. 참으로 감사한 일이었다.

지하에는 대예배실을 짓기로 해서 500평 넓이의 땅을 파내야 했는데 곧 장마철이었다. 중보기도단과 전교인은 날씨가 공사에 지장을 주지 않게 해 달라고 하나님께 열심히 기도했다. 아침 일찍 현장을 찾아서 기도하는 성도들까지 생겨났다. 놀랍게도 그 해에는 장마가 힘을 못 쓰고 지나갔다. 덕분에 지하 공사가 무사히 마무리되었다.

전체 공사는 예정보다 3개월 이상 빨리 끝났다. 2개월에 한 번씩 공사대금을 지불하기로 했는데 공정이 빨리 진척되니 지불해야 할 돈도 그만큼 많아졌다. 매달 몇 억씩 되는 큰 돈을 마련하는 것은 교회 사정으로는 거의 불가능한 일이었다. 하지만 성도들은 포기하지 않았다. 기적 같이 모든 공사가 끝났다. 모든 것이 하나님의 은혜였다. 본질적인 사역에 최선을 다했더니 하나님이 은혜를 베풀어 주신 것이다. 우리는 모든 영광을 하나님께 돌려 드렸다.

■ ■ ■

"우리 가운데서 역사하시는 능력대로 우리가 구하거나 생각하는 모든 것에 더 넘치도록 능히 하실 이에게 교회 안에서와 그리스도 예수 안에서 영광이 대대로 영원무궁하기를 원하노라 아멘"(에베소서 3:20).

평택 대광교회는 지금까지 재정 때문에 사역이 중단된 적이 단 한 번도 없다. 하나님이 정해 주신 우선순위를 알고 사역에 집중하면 하나님은 모든 것을 책임져 주신다.

■ ■ ■

"그런즉 너희는 먼저 그의 나라와 그의 의를 구하라 그리하면 이 모든 것을 너희에게 더하시리라"(마태복음 6:33).

사역의 방향은 목회 철학에 따라 달라진다. 몇 년 전에 어떤 선배 목회자에게 제자훈련 사역을 소개한 적이 있다. 그는 국제제자훈련원에서 실시하는 '제자훈련지도자 세미나'에 참석했고, 지금은 제자훈련을 통해 신혼의 단맛을 보고 있다. 얼마 전에 만난 그는 나에게 이런 이야기를 했다. "배 목사, 예전에 자주 만나던 목사들과 요즘은 대화가 잘 안 되네. 배 목사가 5년 전에 나와 대화할 때도 그랬소?" 제자훈련을 시작하면 정치나 명예에 대한 관심은 사라진다. 오직 영혼 구원과 제자훈련에만 관심이 갈 뿐이다. 비본질적인 것에는 관심을 둘 여유가 없다. 하지만 우선순위를 모르면 방황할 수밖에 없다.

얼마 전 제자훈련지도자세미나의 후속모임인 '세 이레 모임'에서 21년 만에 어느 목회자를 만난 적이 있다. 20년 전에 민주화 운동을 하던 그는 여전히 투사 같은 모습을 하고 있었다. 그는 그때까지 50군데 이상의 세미나에 참석했다고 했다. 그런데 성도들은 그가 세미나에 간다고 하면 반기지 않는 기색을 보였다고 한다. 이유인즉슨, 그가 세미나에만 다녀오면 세미나 내용을 3~6개월 정도 교회에 적용했다가 그만두었기 때문이다. 그러나 그는 이제 제자훈련 세미나에 참석한 후에 남은 생애를 제자 삼는 사역에 헌신하겠다고 했다.

예수님이 가르쳐 주신 목회의 본질은 누구나 이해할 수 있다. 그러나 아직도 껍데기만 핥고 있는 목회자가 많은 것은 참으로 안타까운 일이다.

2
제자훈련 중심의 사역

> 교회는 자기 안에서 하나님의 심장이 뛰지 않으면 살 수 없다.
>
> 어윈 맥마너스

영혼 구원을 목적으로 제자들을 가르치신 예수님은 제자들을 입체적으로 교육하셨다. 예수님은 다음 세대뿐 아니라 주님이 다시 오실 그날까지 복음을 전파하기 위해서 제자들에게 이론과 현장 학습을 골고루 시키셨다. 전도 현장에서 직접 보고 배운 제자들은 예수님의 뒤를 이어서 복음을 전파했다. 3년 동안 제자들과 함께 생활하신 예수님의 사역은 크게 세 가지임을 마태복음 9장 35절을 통해서 알 수 있다.

❧ ❧ ❧

"예수께서 모든 도시와 마을에 두루 다니사 그들의 회당에서 가르치시며 천국 복음을 전파하시며 모든 병과 모든 약한 것을 고치시니라"(마태복음 9:35).

1) 가르치시고

예수님은 말씀을 전하는 일에 최선을 다하셨다. 산과 들과 바다, 회당과 길거리에서 틈만 나면 사람들에게 말씀을 가르치셨다. 예수님은 바른 길로 인도하는 영적 지도자가 없어서 고생하는 많은 사람을 보고 민망히 여기셨다. "민망히 여기다"는 말은 창자에서부터 우러러 나오는 깊은 동정심을 뜻하는 것으로, 예수님이 그들을 얼마나 안타까이 여기고 사랑하셨는지를 보여 주는 표현이다. 예수님의 가르침은 지식적인 것에 한정되지 않았다.

예수님의 가르침을 받은 자들의 삶에서는 전인적인 변화가 일어났다. 삭개오와 마태 같은 세리와, 창녀들의 삶도 변했다. 그들은 제자로서 갖추어야 할 합당한 삶을 살기 시작했고, 예수님이 주신 비전을 자신들의 비전으로 삼았다. 제자훈련을 통해서 변화된 사람들의 삶은 상상을 초월한다. 최근에 평택 대광교회에서 제자훈련을 수료한 부부의 간증을 소개한다.

남편: 최○○ 형제

4년 전 평택으로 이사할 때 우리 가정은 거의 파탄지경이었다. 고부갈등에 지친 아내는 나에게 어머니와 자신 중에 한 사람만 택할 것을 요구했다. 나는 어쩔 수 없이 부모님을 뒤로 한 채 이곳 평택으로 내려올 수밖에 없었다. 어둠 속의 상황에서 하나님은 우리 가정을 대광교회로 인도해 주셨고, 그때부터 우리 가정은 회복되기 시작했다. 5주간의 새가족반을 통해서 영생을 선물로 받은 나와 아내는 구원의 확신을 가지고 믿음 생활을 다시 시작할 수 있었다. 순모임을 통해 아내와 나의 믿음이 성장해 갔고, 전도폭발 훈련은 내 인생의 제2의 전환점이 되어 하나님의 큰 은혜를 체험하게 해 주었다.

놀랍게도 아내는 나보다 더 빠른 속도로 믿음을 성장시켜 나갔다. "먼저 된 자로서 나중 되고 나중 된 자로서 먼저 될 자가 많으니라"(마가복음 10:31)는 성경 말씀이 마음에 와 닿은 때도 바로 이때였다. 내 전도 생활은 실습현장에서 하는 것이 전부였는데, 아내는 일상에서도 전도를 하기 시작했다. 참으로 놀라운 일이었다.

드디어 우리 부부에게 제3의 전환점이 다가왔다. 그것은 바로 제자훈련이었다. 하나님은 제자훈련을 통해서 우리 가정의 많은 상처를 치유해 주시는 놀라운 축복을 주셨다. 그때까지도 우리 부부는 서로에게 가지고 있던 마음의 상처를 아주 없이 하지는 못했다. 그러나 제자훈련은 그 누구도 치유하지 못했던 상처를 치유해 주었다. 우리 부부는 같은 시기에 제자훈련을 받음으로써 누릴 수 있는 별도의 축복을 보너스로 받았다.

평택으로 오기 전 나는 여러 교회와 기독교 단체를 다니면서 나름대로 성경 공부를 많이 한 터여서 내심 성경에 해박하다고 자부하고 있었다. 그런데 제자훈련을 통해 20여 년간 유지되어 온 지식적인 믿음이 실제적인 믿음으로 바뀌는 놀라운 은혜를 받았다. 하나님이 살아 계시다는 것이 믿어진 순간부터 나의 믿음이 살아나기 시작했다. 그것은 이제까지의 내 믿음의 패턴을 바꾸어 놓았다. 오랜 세월을 교회에 다녔지만 나와 하나님과의 관계는 너무나 얄팍했고 형식적이었다. 그러나 제자훈련은 새롭게 만난 살아 계신 하나님과 나의 관계를 더욱 견고하게 만들어 주었고, 나는 건강한 평신도로 변화되어 갔다. 제자훈련에 열정과 정성을 쏟으시는 목사님을 통해서 세상 가운데서 빛과 소금의 역할을 할 성도들을 키워내는 일이 얼마나 중요한지를 깨달았다.

우리 가정은 건강한 교회에 접목되어서 교회의 건강한 지체로 치유함을 받았다. 섬김을 받기만 하려는 잘못된 자세가 섬기려는 자세로 바뀐 것도 참으로 중요한 변화였다. 교회 안에 이미 섬김의 문화가 형성되어 있었기 때문에 나는 가정에서나 교회에서 자연스럽게 겸손한 자세로 섬기고자 하는 열망을 품을 수 있었다. 말씀에 순종하여 하나하나 실천하다 보니 가정에 평화가 찾아왔고, 언젠가부터 우리 부부에게는 큰소리를 내는 일이 없어졌다. 부부싸움은 꽤 오래전의 일이 되었다. 이런 모습을 발견한 우리는 너무나 기쁜 마음이 들었다.

헌금 생활에도 일대 전환이 일었다. 하나님이 주신 물질을 하늘나라 보물창고에 더 많이 저축하고자 하는 마음이 생겼고, 기독교 학교 건립헌금에도 즐겁게 동참하는 축복을 누리게 되었다. 재무장관인 아내는 믿음에 기초해서 물질의 우선순위를 세웠고, 내가 하나님의 기준으로 지출을 결정하면 바로 순종하고 집행했다.

평택에 이사 온 이후로 시부모님과 아예 발을 끊고 원수같이 지내던 아내는 어느 날 결단을 내리고 어머님을 찾아가 용서를 구했다. 두 사람이 마침내 화해를 한 것이다. 그날 얼마나 기쁘고 아내가 예뻐 보였는지 모른다. 그리하여 우리 가정은 하나님의 축복 속에 매일 기쁨과 감사가 넘친다. 부모님은 우리 교회의 새가족반을 통해 구원을 받으셨고, 이제는 집 근처의 교회에 다니고 계신다.

하나님 아버지가 아니었다면 나 개인은 물론이고 우리 가정도 망가졌을 것이다. 나는 우리 가정의 모습을 볼 때마다 눈물이 날 정도로 행복하다.

이 모든 것이 하나님의 은혜임을 고백한다. 되돌아보면 하나님은 광야의 세월을 통해 나에게 정말로 필요한 축복을 주셨다. 제자훈련을 통한 믿음의 성장이 없었더라면 나는 평생 어머님의 영향력 안에 얽매여서 온전히 가정을 이끌지 못했을 것이다. 하나님은 아내를 순장으로 섬길 수 있도록 성장시켜 주셨다. 인생을 포기하려고 했던 아내가 순장으로 봉사하게 된 날, 나는 하나님께 감사의 기도를 드렸다.

하나님이 기뻐하시는 제자훈련을 통해서 부부가 변화되고 가정이 변화되어서 주님의 축복이 넘치는 행복한 가정을 이루게 되었다. 이 세상에서의 축복뿐 아니라 영원한 천국에서의 상급도 많이 쌓아두는 축복을 누릴 것을 확신한다.

이제부터 세월을 아껴서 전도하고 제자를 양육하는 일에 충성을 다할 생각이다. 그리하여 주님을 만나는 그날, "착하고 충성된 종아, 수고했다" 하시는 칭찬을 듬뿍 받을 수 있는 주님의 제자로 살아갈 것을 다짐한다. 이 모든 영광을 살아 계신 하나님께 올려 드린다.

아내: 이○○ 자매

대광교회에 나오기 시작한 지 2년 반이 지난 지금 나는 믿어지지 않을 만큼 깊은 평안과 기쁨과 행복을 누리며 살고 있다. 나는 살아 계신 하나님을 믿으며 내 인생을 주께 맡기고 천국 소망을 가지고 살아가고 있다.

예수님을 믿기 전 나는 불평불만으로 가득 찬 사람이었다. 또한 하나밖에 없는 아들을 의지하며 사시는 시부모님과의 갈등 때문에 불면증과 우울증에 시달리고, 매일 죽고 싶다는 말을 밥 먹듯이 하며 사는 사람이었다.

그런데 대광교회에 나와 새가족반에 참여하면서 영생을

선물로 받게 되었다. 영생의 선물을 받은 후 나의 삶은 신기할 정도로 변하기 시작했다. 생각과 가치관이 바뀌고 평안과 기쁨이 찾아왔다. 그토록 길게만 느껴지고 지루했던 하루가 짧아지고, 교회에 가는 일이 가장 큰 즐거움이 되었다. 남편은 나의 밝은 얼굴을 보고, 내가 행복하다고 고백하는 것을 들을 때면 다른 사람과 사는 것 같다고 이야기한다. 아이들에게는 엄마 같은 배우자를 만나라고 가르친다.

제자훈련은 우리 부부를 하나님과 더욱 가까이 하고, 서로 사랑 안에서 섬기며, 하나님의 말씀의 능력을 직접 체험하게 해 주었다. 항상 상대방에게 대접받기를 바라며 자존심만 내세웠던 우리는 하나님의 말씀을 알아가고 순종하면서 서로를 위해 기도와 격려를 해 주었다. 함께 아름다운 믿음의 가정을 이루어 보자는 결단과 노력을 하기 시작했다.

가정예배를 드리면서 가족이 하나 되었고 대화시간도 늘어났다. 목사님이 매주 내주시는 과제물은 삶이 변화하는 데 큰 역할을 했다. 그러던 어느 날, "부모를 공경 하라"는 말씀을 읽던 중 마음속에 남아 있는 죄를 발견했다. 시부모님과의 갈등으로 2년 넘게 시댁에 가지 않았던 나는 자신을 합리화시키면서 '하나님이 내 마음을 다 아시겠지'라고 생각하며 지내고 있었다. 그러나 제자훈련 중 말씀에 순종해야 함을 깨달은 나는 시어머님을 찾아가 용서를 빌었다. 하나님은 시어머님의 마음을 움직여 주셔서 시어머님은 아무 일 없었다는 듯이 잘해 주시고 앞으로 잘 지내자고 말씀했다. 그때부터 우리 가족은 화목한 분위기로 바뀌었다.

가정이 화목해지니 예수님을 믿지 않는 시부모님은 한 달에 한 번씩 주일마다 가족이 모이길 원했다. 하지만 나는 하나님 말씀에 순종하며 사는 것이 우선순위였기 때문에 주일을 온전히 지키느라 시부모님을 찾아뵙지 못했다. 대신에 살아 계신 주께 시부모님이 예수님을 믿어서 온 가족이 하나님의 자녀로 살게 해 달라고 열심히 기도했다. 얼마 지나지 않아 하나님은 시부모님이 교회에 나가는 놀라운 축복을 주셨다. 그토록 미웠던 시어머니가 존경스럽게 느껴지고 예수님의 사랑을 전해 주고 싶은 마음이 들었다. 이번 제자훈련 선교여행을 갈 때는 시어머니께서 맛있는 것을 사먹으라고 10만원을 쥐어 주셨다. 그런 시어머니의 모습은 '이렇게 며느리와 사랑을 나누며 살고 싶어 하셨구나' 하는 생각이 들게 했다. 나를 변화시키고 가정을 회복시켜 주신 하나님의 은혜가 너무도 고맙고 감사하다.

제자훈련을 받은 후 우리 가정에는 믿기 힘들 정도로 많은 변화가 생겼다. 예수님을 믿지 않았다면 감히 상상도 못할 일들이다. 이제는 남편과 두 자녀도 행복하다고 말한다. 나의 모든 문제의 해결자이며 공급자이신 하나님이 우리 가정을 지켜 주시고 항상 동행하심을 믿는다.

제자훈련을 통한 하나님 말씀의 능력은 참으로 놀라웠다. 하나님은 나의 부정적인 생각을 긍정적으로 바꾸어 주셨다. 말씀대로 순종하면 하나님은 넘치도록 놀라운 축복을 주신다. 제자훈련을 받으면서 우리 부부는 서로 많이 변했다고 이야기한다. 나는 남편을 존경하게 되었다. 자녀들에게는 목적을 가지고 사는 신앙의 유산을 물려 줄 것을 다짐했다. 이제 나의 삶은 감사와 기쁨으로 넘쳐난다. 그리고 믿지 않는 이들에게 자신 있게 말한다. 내가 행복을 맛보며 살아가는 비결은 예수님을 믿는 것이라고.

이 시간을 빌어 나에게 새로운 삶을 주신 하나님께 한없는 감사를 드린다. 말씀이 살아 있는 건강한 교회와 영적 지도자이신 목사님을 만나는 축복을 통해서 인생의 목표가 바뀌었다. 우리 부부는 교회의 비전을 우리 부부의 비전으로 삼아 서로 기도하고 격려하는 사랑으로 하나가 되었다.

제자훈련을 통해 잘 다듬어진 신앙을 기초 삼아 하나님이 기뻐하시는 삶을 살기 위해 최선을 다할 것을 다짐한다. 나의 구원자이신 하나님께 모든 영광을 돌린다.

2) 전파하시며

예수님은 만나는 사람들마다 천국의 복음을 전파하셨다.

예수님이 이 땅에 오신 목적은 바로 그 일을 하시기 위해서였다.

※ ※ ※

"이르시되 우리가 다른 가까운 마을들로 가자 거기서도 전도하리니 내가 이를 위하여 왔노라 하시고"(마가복음 1:38).

"내가 의인을 부르러 온 것이 아니요 죄인을 불러 회개시키러 왔노라"(누가복음 5:32).

예수님 당시 이스라엘 백성들 사이에는 전통적인 종교관과 획일화된 교리가 만연해서 하나님의 뜻을 잃은 지 오래였다. 그 모습은 마치 술에 만취해서 방향을 잃은 것처럼 절망적이었다. 예수님은 가장 경직되고 교만했던, 자칭 의인들이었던 바리새인과 서기관에게도 회개를 촉구하시면서 이 땅에 오신 사명을 충실하게 수행하셨다.

교회는 예수님이 목숨을 내놓고 수행하신 사역을 계승하고 지속할 의무가 있다. 평택 대광교회는 1983년 1월

1일 첫 예배를 드렸다. 우리 부부와 한 가정이 모인 예배였다. 인원은 모두 다섯 명이었다. 8평 정도밖에 안 되는 2층 홀에서 드린 예배에 준비된 것이라고는 강대상 하나뿐이었다. 첫 예배를 드린 지 한 달 만에 장년 10여 명, 주일학교 학생 40여 명이 모였다. 교회를 연 지 24년째가 되는 올해까지 우리 교회에서 복음을 받아들이고 예수님을 믿은 사람의 숫자는 참으로 많다. 한 교회가 세워질 때마다 지옥에 갈 수밖에 없는 많은 영혼이 예수님을 믿고 구원을 얻는다. 얼마나 기쁜 일인가. 한 사람이 복음의 열정을 가지면 엄청난 일이 벌어진다.

3) 치료하셨다

예수님은 육신의 병뿐만 아니라 영혼의 병까지 치료해 주셨다. 이는 인류를 구원하시려는 예수님의 영혼 사랑을 엿볼 수 있는 모습이다. 예수님은 오직 섬김의 자세와 사랑으로 이 세상의 병자들을 고치셨다.

교회도 예수님처럼 가는 곳마다 회복과 치료의 역사를

일으켜야 한다. 마음과 육체가 병든 자들에게 다가가서 치료해 주고 상처를 싸매 주어야 한다. 세상 어두운 곳에서 일어나고 있는 사건과 사고를 예방하고 치료하는 역할은 바로 교회의 사명이다.

예수님은 세상에 만연하는 죄악을 보시면서도 저들이 회개하고 돌아올 것이라는 기대를 저버리지 않으신다. 그것은 바로 교회가 있기 때문이다. 교회는 세상을 변화시킬 수 있는 유일한 대안이다. 이 세상의 교회는 저마다 만연한 수많은 문제를 예방하고 치료하기를 소원해야 한다.

3
조화를 통한 효과적인 사역

> 교회는 사람들의 꿈이 피어나고, 비전의 동기부여를 받으며, 열정이 다시금 뜨거워지고, 모든 사람이 삶의 클라이맥스를 사는 곳이어야 한다.
>
> 어윈 맥마너스

사람의 심장은 매일 트럭 한 대 분량의 혈액을 온몸으로 순환시킨다. 그러나 심장이 그 많은 일을 한다고 해서 24시간 내내 일을 하는 것은 아니다. 심장은 우리 몸으로 혈액을 내뿜고 수축할 때 일정 시간을 쉰다. 하루 중에 심장이 일하는 시간은 9시간에 불과하다.

예수님도 사역에 매달리시면서 틈이 나는 대로 쉬셨다. 인간 육체의 나약함을 그대로 가지고 계셨던 예수님은 창조의 질서에 따라 심신이 피로해질 때면 휴식을 취하셨다. 쉬어야 할 때 쉬지 못하면 효과적인 사역을 할 수 없다. 목회자가 자신의 몸을 돌보지 않고 사역에만 몰두하는 것은 하나님이 가르쳐 주신 쉼의 원리를 무시하는 것과 같다. 쉼은 삶에 지친 우리에게 재충전의 기회를 주어서 하나님이 맡기신 일을 즐거움으로 하게 도와준다.

"예수께서 낮에는 성전에서 가르치시고 밤에는 나가 감람원이라 하는 산에서 쉬시니"(누가복음 21:37).

또한 예수님은 기도를 통해 회복의 시간을 가지셨다. 예수님은 다음 사역을 시작하시기 전에 철저하게 기도로 준비하셨다. 인생의 승패는 준비에 있는데, 가장 철저하고 빈틈없는 준비는 바로 기도이다.

"이 때에 예수께서 기도하시러 산으로 가사 밤이 새도록 하나님께 기도하시고"(누가복음 6:12).

은혜를 나눠 주기 위해서는 먼저 자신이 은혜에 충만해야 한다. 나눠 준 은혜는 재충전을 통해서 다시 채워진다. 마리아와 마르다의 차이점도 여기에 있다. 마리아는 먼저 은혜를 받는 일에 열심이었다.

※ ※ ※

"그에게 마리아라 하는 동생이 있어 주의 발치에 앉아 그의 말씀을 듣더니 마르다는 준비하는 일이 많아 마음이 분주한지라 예수께 나아가 이르되 주여 내 동생이 나 혼자 일하게 두는 것을 생각하지 아니하시나이까 저를 명하사 나를 도와 주라 하소서"(누가복음 10:39, 40).

말씀에 은혜를 받은 마리아는 모든 사람에게 섬김의 사람으로 알려져 있다. 마리아는 얄밉도록 은혜를 사모했다. 말씀의 은혜를 받지 못하고 봉사를 하면 입에서 불평밖에 나오지 않는다. 봉사와 신앙의 경력이 성숙의 척도라고 잘못 알고 있는 성도들은 은혜 받는 일에는 지독하게 소극적인 경우가 많다. 이런 자들은 봉사를 하면서도 끊임없이 문제를 일으킨다. 받은 은혜에 대한 감사 없이 섬기는 사역은 결국 자신의 만족을 위한 취미생활에 지나지 않는다. 먼저 기도와 말씀 묵상, 전도에 충실하다 보면 어떤 어려움이나 혼란도 이길 수 있는 용기와 지혜가 생겨 하나님의 교회에 유익한 존재가 된다.

"예수께서 베다니 나병환자 시몬의 집에서 식사하실 때에 한 여자가 매우 값진 향유 곧 순전한 나드 한 옥합을 가지고 와서 그 옥합을 깨뜨려 예수의 머리에 부으니"(마가복음 14:3).

위의 성경 말씀은 모든 그리스도인에게 감동을 준다. 예수님도 이 여인의 행동에 감동하셨다. 여인이 깨뜨린 옥합에서 흐른 향유의 향기는 사방으로 퍼져나갔다. 우리도 이 여인처럼 먼저 은혜를 받는 일에 열심을 내면 세상을 변화시킬 수 있다.

제자훈련을 실시하는 목회자에게 특히 필요한 것은 자기관리이다. 제자훈련을 통해 사람들이 변하는 것을 보고 조급한 마음을 가져서는 안 된다. 무리하게 욕심을 내어 지나치게 많은 반을 맡거나, 쉬지 않고 무리해서 사역에 지장을 주어서는 안 된다. 목회는 주님을 섬기는 것이지 자신의 목적을 이루기 위한 것이 아니다. 그렇기 때문에 철저한 자기관리 또한 사역의 일부분이다. 나는 1년에 두 번, 여름과 겨울에 휴가를 갖는다. 휴가 기간에는 산과 바다를 찾고 평소에 읽고 싶었던 책을 읽으면서 육체적인 피로를 씻어내고 지식도 쌓는 계기로 삼는다.

순모임도 마찬가지로 여름과 겨울에 방학을 가진다. 그 기간 동안에는 모임을 갖는 대신 성경 구절을 암송하고 두 권 정도의 책을 권장도서로 지정해 독후감을 쓰게 한다. 순장들에게는 범위를 정해서 성경을 읽게 한다. 방학 중에는 특별한 모임이 없지만 간혹 새벽기도 후에 모여서 순장 기도회를 30분 정도 개최하기도 한다. 이때는 교회 전체의 기도 제목과 교구별로 나눈 기도 제목을 놓고 합심해서 기도한다. 방학이 끝나면 순모임에서는 각자 써온 독후감을 발표하고 그 중에 몇 명을 뽑아 주일 저녁 예배 시간에 전 교인과 함께 나누는 은혜의 시간을 갖기도 한다.

그리고 1년에 두 번은 1박 2일 정도 순장 세미나를 열어서 순장들에게 영적 충전과 여행의 시간을 제공한다. 세미나 시간에는 소그룹 토의를 통해서 서로의 경험을 나누고, 위로와 격려를 통해서 용기를 얻는다. 전체 강의와 독서를 통해 느낀 점과 결단한 내용도 나눈다. 이제 순장 세미나는 순장들이 기다리는 시간이 되었다. 올바른 사역을 위해 쉼과 영적 재충전은 반드시 필요한 중요한 사역이다.

국제제자훈련원은 건강한 교회를 꿈꾸는 목회의 동반자로서 제자 삼는 사역을 중심으로 성경적 목회 모델을 제시함으로 세계 교회를 섬기는 전문 사역 기관입니다.

존귀한 공동체 교회

초판 1쇄 발행 2006년 10월 3일
초판 14쇄 발행 2023년 1월 12일

지은이 배창돈

펴낸이 오정현
펴낸곳 국제제자훈련원
등록번호 제2013-000170호(2013년 9월 25일)
주소 서울시 서초구 효령로68길 98(서초동)
전화 02)3489-4300 **팩스** 02)3489-4329
이메일 dmipress@sarang.org

저작권자 (C) 배창돈, 2006, Printed in Korea.
이 책은 저작권법에 의해 보호를 받는 저작물이므로 저자와 출판사의 허락 없이
내용의 일부를 인용하거나 발췌하는 것을 금합니다.

ISBN 978-89-5731-188-2 03230

※ **책값은 뒤표지에 있습니다. 잘못된 책은 구입하신 곳에서 교환해드립니다.**